Beiträge zum Islamischen Recht XI

Leipziger Beiträge zur Orientforschung

Herausgegeben von Hans-Georg Ebert
Begründet von Günter Barthel

Band 34

PL ACADEMIC RESEARCH

Irene Schneider / Thoralf Hanstein
(Hrsg.)

Beiträge zum Islamischen Recht XI

PL ACADEMIC RESEARCH

Bibliografische Information der Deutschen Nationalbibliothek
Die Deutsche Nationalbibliothek verzeichnet diese Publikation in der Deutschen Nationalbibliografie; detaillierte bibliografische Daten sind im Internet über http://dnb.d-nb.de abrufbar.

ISSN 0942-2323
ISBN 978-3-631-68092-6 (Print)
E-ISBN 978-3-653-07193-1 (E-PDF)
E-ISBN 978-3-631-69964-5 (EPUB)
E-ISBN 978-3-631-69965-2 (MOBI)
DOI 10.3726/978-3-653-07193-1

PL Academic Research ist ein Imprint der Peter Lang GmbH.

Peter Lang – Frankfurt am Main · Bern · Bruxelles · New York · Oxford · Warszawa · Wien

Diese Publikation wurde begutachtet.

www.peterlang.com

Vorwort

Geschlecht und Recht

Der vorliegende Band ging aus der Jahrestagung der GAIR am 22. und 23. Oktober 2015 an der Universität Göttingen hervor. Thema der Tagung war „Genderforschung und Genderfragen im islamischen Recht“. Die Vorträge liegen nun publiziert vor, erweitert um die Beiträge von Hans-Georg Ebert und Mathias Rohe. Auch wenn dies in der vorliegenden gedruckten Form nicht den entsprechenden Ausdruck finden kann, ist anzumerken, dass die genannten Themen und Vorträge auf der Jahrestagung zu einer teilweise kontroversen aber sehr produktiven und spannenden Diskussion führten. Über Analyse und Perspektiven der Geschlechterstellung im Recht wurde intensiv und fruchtbar nachgedacht, was sich in den vorliegenden Beiträgen spiegelt.

Ziel der Tagung war es, zum einen auf der theoretischen Ebene der Frage nachzugehen, welche Rolle und Bedeutung die Geschlechterforschung im Recht hat, zum anderen anhand empirischer Beispiele die Geschlechterstellung im deutschen Recht und im islamischen Recht – in Deutschland und in der muslimischen Welt – auszuloten, zu verstehen und zu diskutieren.

Der Bereich der Geschlechterstellung steht immer wieder im Mittelpunkt teilweise heftiger Debatten um Recht allgemein und um islamisches Recht im Besonderen. Warum? Die Antwort lautet: Die Frage der Geschlechterstellung ist so hart umkämpft, weil damit auf das Engste kulturelle Identitäts- und Authentizitätsdiskurse in allen Gesellschaften verbunden sind. Fragen der Regulierung und rechtlichen Normierung sexueller Verhältnisse und der Konstituierung einer „Normativität des Zusammenlebens“, dem jeweils vorherrschenden Konzept von Ehe, Familie und den damit zusammenhängenden Konsequenzen werden in allen Gesellschaften intensiv debattiert. Diese Konzepte und Vorstellungen aber sind im Fluss. Essentialistische Vorstellungen von dem, was einen „muslimischen“, „arabischen“ Mann oder eine „europäische“ – eine „christliche – “ Frau ausmacht, basierend auf biologistischen Argumenten, beherrschten lange die Diskussion und halten sich hartnäckig bis in gegenwärtige sogar wissenschaftliche Debatten, sind aber obsolet. Geschlecht und Recht sind wandelbare Kategorien. Geschlecht ist keine natürlich gegebene unveränderbare Kategorie, sondern ein sozio-kulturell-historisch-religiös geprägtes Konstrukt, das diskursiv konstituiert wird und mithin in den unterschiedlichsten kulturellen, historischen und regionalen Versionen auftritt, die es zu ermitteln gibt. Das gilt für die ursprünglich christlich geprägte monogame, in der Vormoderne nicht auflösbare Ehe, die kirchlich als Sakrament verstanden wird, ebenso wie für die islamische konzeptionell polygyne prinzipiell auflösbare Ehe, die ein zivilrechtlicher Vertrag ist. Beiden vormodernen Eheformen war die patriarchalische Struktur mit dem Mann als Oberhaupt der Familie trotz aller Unterschiede gemeinsam. Die Analysekategorie „Geschlecht" oder „Gender" ermöglicht es, die unterschiedlichen Konzeptionen von Männlichkeit und Weiblichkeit, von gegenseitigen Rechten und Pflichten der Geschlechter in hierarchischer oder egalitärer Stellung der Geschlechter zueinander zu analysieren, einzuordnen und in ihrer historischen Entwicklung zu verfolgen.

Friederike Wapler geht in ihrem grundlegenden theoretischen Artikel auf die generelle Frage der Geschlechterforschung im Recht ein. Sie verweist darauf, dass Geschlechterforschung und Geschlechterfragen im Recht immer wieder auf stereotype Annahmen über den Feminismus als politischen Aktivismus reduziert und in der Forschung marginalisiert wurden und werden. Der Feminismus vor allem in seiner Form der Forderung nach gleichen Rechten für Männer und Frauen war Ausgangspunkt in Europa wie auch – etwas zeitversetzt – in den muslimischen Ländern und erster Schritt hin zu einer Anerkennung der Rechtsgleichheit der Geschlechter. Die Forderungen glichen sich: politische Rechte wie das Wahlrecht, Recht auf Repräsentation, gleiche Rechte in der Familie betreffs Eheschließung, Scheidung etc. Noch erfährt die juristische Geschlechterforschung, die zu den Grundlagendisziplinen des Faches gehört, weder inhaltlich noch institutionell die ihr zustehende Würdigung. Dies gilt übrigens auch für die Islamwissenschaft: Es gibt bisher in der Bundesrepublik keine Professur der Islamwissenschaft mit Geschlechterforschungsschwerpunkt.

Nach einer kurzen Skizzierung dieser Problematik beschreibt *Wapler* die essentialistischen Ansätze des Geschlechterverständnisses, wie sie sich im klassischen islamischen Recht spiegeln, und gibt einen Überblick über die das Recht betreffende Geschlechterforschung, beginnend von der Etablierung der Trennung von „sex" – als biologisches – und gender als sozial konstruiertes Geschlecht über Butler und die Dekonstruktion von „sex" als vermeintlich sicherer biologischer Analysekategorie. Welche Auswirkungen haben diese Ergebnisse der Geschlechterforschung auf das Recht, welche Möglichkeiten eröffnen sich in Forschung und Rechtsanwendung: Dies sind die Fragen, denen sie sich widmet.

Staaten setzen im Rahmen ihrer Gesetzgebungskompetenz Recht, zugleich wird Recht in iterativen Debatten in der Gesellschaft immer wieder thematisiert und führt zu Gesetzgebungsverfahren. Seit 1997 ist in Deutschland Vergewaltigung in der Ehe strafbar, 2014, nach erheblichen Übergriffen auf Frauen auf und um den revolutionären Tahrir-Platz in Kairo, erließ der ägyptische Gesetzgeber ein Gesetz, das sexuelle Belästigung unter Strafe stellt. Beide Gesetzgebungen sind relativ rezent, beide spiegeln eine vorausgehende langanhaltende und teilweise heftige gesellschaftliche Debatte wider. Gewalt und vor allem sexualisierte Gewalt ist ein globales Thema.

Die Diskurse werden in den muslimischen Ländern neben Verweisen auf die Verfassungen stark, wenn auch nicht ausschließlich mit Bezugnahme auf die Texte, also Koran und Sunna, geführt und zeigen hier eine große Variabilität der Interpretationen dieser heiligen Texte und mithin eine Flexibilität dieses „heiligen" Rechts. Dies lässt sich auch an der Genese einer feministischen Koranexegese ablesen, die neue Wege in der Auslegung der Texte geht und auf gesellschaftlich-institutioneller Ebene das immer noch männlich dominierte Gelehrtenestablishment bedroht. In Deutschland wird auf die im Grundgesetz festgeschriebene rechtliche Gleichstellung der Geschlechter in Art. 3, Satz 2 und 3 verwiesen. Art. 3 Abs. 2 GG macht in Verbindung mit Abs. 3 S. 1 deutlich, dass jede mit dem Geschlechtsunterschied begründete rechtliche Differenzierung im Grundsatz verboten ist. Dies gilt gerade für den Bereich von Ehe und Familie, beispielsweise für das Erb- und Eherecht; Bereiche, die nach klassischem islamischem Recht geschlechterungleiche Regelungen beinhalten. *Christine Langenfeld* macht in ihrem Beitrag deutlich, dass rechtliche Differenzierungen mit dem Grundgesetz nicht mehr mit dem Hinweis auf den Geschlechtern angeblich immanenten Unterschieden in Charakter oder Wesen oder gar auf religiös vorgegebene Differenzen in den Rollenzuweisungen begründet werden können. Dies schließt keineswegs aus, in Anknüpfung an biologische Gegebenheiten, etwa Schwanger- und Mutterschaft, besondere Regelungen zum Schutz der Frau zu treffen. Aber es handelt sich hierbei um begrenzte Ausnahmefälle vom ansonsten strikten Diskriminierungsverbot. Dennoch führt sie aus, dass sich die Geschlechterrollen im Lauf der Zeit gewandelt haben, dass noch im Jahr 1957, also *nach* Inkrafttreten des Grundgesetzes, die sogenannte Hausfrauenehe als Leitbild durch den Gesetzgeber festgelegt galt. Konkret bedeutete dies, dass bis 1977 eine Ehefrau eine berufliche Tätigkeit nur aufnehmen durfte, soweit dies der Ehemann als mit ihren Pflichten in Haushalt und Familie vereinbar sah. Die Frau benötigte die Zustimmung des Ehemannes, um einen Arbeitsvertrag zu unterschreiben. Trotz grundgesetzlicher Anforderung erfolgte die vollständige Gleichstellung von Mann und Frau im Ehe- und Familienrecht erst schrittweise mit den Gleichberechtigungsgesetzen von 1957 bzw. 1977. Bei Diskussionen um Frauen benachteiligende Regelungen des islamischen Rechts gerät häufig aus dem Blick, dass die Entwicklungen in der Bundesrepublik zu einer Gleichstellung der Geschlechter trotz der grundgesetzlichen Vorgabe ebenfalls noch nicht lange her sind.

Die gesellschaftlichen Aushandlungsprozesse, die zur Rechtsfortbildung führen, spielen dabei eine zentrale Rolle. *Irene Schneider* belegt diese anhand ihrer Forschung zu Palästina bzw. konkret zur West-Bank. Die Neuregelung der *ḫulʿ*-Scheidung von 2012 in der merkwürdigen Variante der Erlaubnis derselben gegen den Willen des Mannes (so generell in Ägypten seit 2000) aber nur vor dem ersten ehelichen Geschlechtsverkehr geht auf ein Diskussion in der Westbank um ein besseres Scheidungsrecht für Frauen zurück. Bemerkenswert an der Neuregelung war zum einen die Rolle des Oberrichters, der als Quasi-Gesetzgeber auftretend die Scharia-Gerichte anwies, auf der Grundlage der neuen Regelung zu entscheiden, die verfassungsrechtlich keine Ansatzpunkte hat. Zum anderen zeigte sich, dass ein weitergehendes Scheidungsrecht für Frauen gesellschaftlich nicht durchsetzbar war. Ergebnis war eine hybride Variante des *ḫulʿ*, die in ihrer konkreten Neufassung weder klassisches noch modernes Recht widerspiegelt.

Hybridität des Rechts, Vermischung unterschiedlicher Rechte und ein Ineinanderfließen, das die Gerichte vor Herausforderungen stellt, ist auch Thema des Aufsatzes von *Mathias Rohe* „Islamisches Familienrecht im Wandel". Er geht hierbei vor allem auf das ausländische und internationale Privatrecht ein, das in Deutschland in bestimmten Fällen zur Anwendung kommt, allerdings nur dann, wenn es dem ordre public und dem Grundgesetz nicht widerspricht. Diese allgemeine Regel wird von den deutschen Gerichten strikt eingehalten, so dass das Argument der teilweise befürchteten Anwendung „der Scharia" in Deutschland, das in vielen öffentlichen Debatten geäußert wird, ad absurdum geführt werden kann. Allerdings kann die Anwendung fremdrechtlicher Normen auf konkrete Probleme vor Gericht treffen. Rohe führt dies am Beispiel des *ṭalāq* aus, der Verstoßungsscheidung, die per se geschlechterungleich ist, weil sie generell nur dem Mann zusteht. Mit dem Grundgesetz ist sie deshalb generell inkompatibel. Die Anwendung des *ṭalāq* kann nur erfolgen, wenn nach deutschem Recht auch eine Scheidung erfolgen würde. Warum aber sollte er angewandt werden? Der Anwendung entgegen stehen Bedenken des „Reisens" solcher Entscheidungen in einer globalisierten Welt, denn gerade die Gerichtsbindung und die schrittweise immer größere Einschränkung dieses ehemännlichen Privilegs gehörte zu den zentralen Forderungen und den wenn auch in kleinen Schritten erfochtenen Errungenschaften der Frauenbewegungen in der muslimischen Welt. Andererseits sind konkrete Wünsche betroffener Frauen unbedingt zu beachten, die ohne einen solchen „*ṭalāq*" in ihren Ländern keine Scheidung vorweisen können. Im Gegensatz zu ihren Männern, die zwei, drei oder vier Frauen gleichzeitig heiraten können, benötigen sie die Bestätigung der Scheidung, um erneut eine Ehe eingehen zu können. Die Diskussion ist Ergebnis der Hybridisierung der deutschen – wie auch anderer – Rechtsordnungen und zeigt, wie komplex sich die Umsetzung des generellen Geltungsanspruchs fremder Rechtsordnungen im Detail gestalten kann.

Andere Konsequenzen einer solchen Hybridisierung der Rechtsordnung sind prominentes Thema in *Jürgen Riecks* Artikel „Personenstand und Islam in Deutschland“. Rieck konzentriert sich auf personenstandsrechtliche Auswirkung der Eheschließung und Ehescheidung und kritisiert die Rechtsprechung, die hier die aktuelle unter Muslim_innen herrschende Rechtspraxis nicht genügend berücksichtige. Vor dem Hintergrund, dass seit 2009 in Deutschland rein religiöse Ehen – allerdings ohne rechtliche Gültigkeit – geschlossen werden können, finden sich seiner Erfahrung nach immer mehr Personen, die solche Ehen schließen und beispielsweise auch die entsprechenden damit verbundenen Regelungen wie die Zahlung des Brautgeldes vornehmen. Was, wenn diese Ehe scheitert, fragt er? Er plädiert dafür, dass in solchen Fällen, wenn eine schriftlich vereinbarte Morgengabe vorliegt, ein Schuldversprechen nach § 780 BGB vorliegen soll. Diese und andere Fragen, die aus dem Aufeinandertreffen verschiedener Rechte resultieren, werden von ihm aufgeworfen und unter anderem mit Verweis auf die Handhabung in anderen europäischen Ländern diskutiert. Interessant ist das Beispiel Griechenlands, das ein interreligiöses Statut für Muslime kennt, in Thrakien gilt muslimisches Familienrecht allerdings mit klarer Gerichtsbindung der Scheidung. Kann dies ein Beispiel für andere Länder, für Deutschland, sein? *Riecks* Thema der rechtspraktisch vorkommenden religiösen Eheschließungen in Deutschland greift *Hans-Georg Ebert* in seinem Artikel „Die ‚private‘ islamische Eheschließung, ihre Folgen und Herausforderungen“ spiegelbildlich für die arabischen Länder auf. *Ebert* definiert diese Formen der Eheschließung als „bewusste oder unbewusste, erzwungene oder freiwillige Vermeidung einer amtlichen Mitwirkung im Eheschließungsverfahren“ und verweist darauf, dass damit eines von drei Strukturelementen, die den Ehebegriff in Deutschland kennzeichnen, fehlt. Die damit zusammenhängenden Fragen behandelt er nicht nur rechtlich, sondern auch unter sozialen und geschlechtsspezifischen Aspekten. So sind sogenannte *ʿurfī*-Ehen eine bekannte Größe im praktizierten Recht vieler Ländern und scheinen vor allem unter jungen Menschen beliebt zu sein, legalisieren sie doch den immer noch gesellschaftlich nicht akzeptierten Geschlechtsverkehr außerhalb der Ehe, ohne bereits eine „offizielle“ Ehe zu konstituieren. Auf rechtlich-normativer Ebene, so beschreibt es *Ebert*, erheben sich sunnitische Theologen über die nur im schiitischen Recht gebilligte und nur im Iran offiziell rechtlich geregelte „Ehe auf Zeit“, die *mutʿa*-Ehe, die in Ländern mit schiitischem Bevölkerungsanteil wie Libanon oder Irak durchaus praktiziert wird. Faktisch haben die sunnitischen Juristen es jedoch mit vergleichbaren Instituten zu tun. Dennoch und obwohl sich auf rechtspraktischer Ebene verschiedene interessante Eheformen etablieren, halten die muslimischen Staaten – dies führt *Ebert* am Beispiel Ägyptens aus – an der staatlichen Beurkundungspflicht fest. Wie sieht es mit den von *Rieck* thematisierten rein religiösen Eheschließungen gerade muslimischer Mitbürger_innen aus? Die Rechtsprechung in Deutschland, die *Ebert* anführt, ist hier eindeutig und erkennt diese Eheformen nicht an. *Ebert* bestätigt jedoch, dass der deutsche Staat gerade vor dem Hintergrund der Migrationsströme hier vor besonderen Herausforderungen steht, die vor allem die Frage der Geschlechterstellung betreffen. Anders als *Rieck*, der hier einer Aufwertung des Status religiöser Eheformen aufgeschlossener gegenüber steht, plädiert Ebert für eine stärkere Anbindung an die Rechtsordnung des gewöhnlichen Aufenthaltsortes, so wie sie sich im Moment darstellt. *Marie-Claire Foblets* nimmt in ihrem Artikel „Gender, Islam and Family Law in Europe: the broken promises of human rights" die menschenrechtliche Dimension bei der Anwendung des jeweils anderen Rechts in muslimischen Ländern und Europa in den Blick. Ihrer Forschung zufolge, die sich besonders auf Marokko und in Europa lebende Marokkaner bezieht, resultieren die „gebrochenen Versprechen" aus Interferenzen der Menschenrechtsinstrumente mit verschiedenen anderen Interessen. Dies führt in der Praxis häufig dazu, so argumentiert sie, dass diese Instrumente nicht die ihnen eigentlich zugedachte protektive Aufgabe erfüllen. Wie *Rieck* und *Ebert* sieht sie auf die europäischen Rechtsordnungen erhebliche Aufgaben zukommen und stellt am Ende ihres Artikels einige Lösungsvorschläge vor.

Alles in allem zeigen die Artikel eine große Breite der wissenschaftlichen Auseinandersetzung mit der Geschlechterproblematik und zeigen vor allem, wie sehr Recht und Geschlecht als wissenschaftliche Debatten in eine sich rasch ändernde soziale Realität eingebunden sind – in den muslimischen Ländern ebenso wie in Deutschland.

Die Herausgeber bedanken sich bei allen, die das Zustandekommen des Bandes ermöglicht haben, bei den Autoren des Bandes und den Mitgliedern des Vorstands der GAIR, und auch bei allen, die zum Gelingen der Tagung beigetragen haben, wie auch bei den Mitarbeitern des Lang-Verlags.

Irene Schneider/Thoralf Hanstein Göttingen/Berlin im Juli 2016

Inhaltsverzeichnis

Friederike Wapler, Göttingen

Recht und Geschlecht: Grundfragen der juristischen Geschlechterforschung

Die juristische Geschlechterforschung wird in Deutschland häufig auf stereotype Annahmen über „den Feminismus" reduziert und institutionell an den rechtswissenschaftlichen Fakultäten nur selten repräsentiert.[1] Begibt man sich aber in dieses Forschungsfeld, so stößt man auf eine Vielfalt an Themenfeldern und Forschungsansätzen.[2] Übersehen wird vielfach auch die lange Tradition dieser Disziplin, waren doch die Kämpfe der Frauenbewegung immer auch Kämpfe um Rechte: auf Freiheit und Gleichberechtigung in Ehe und Familie, auf Bildung und Beruf, auf Teilhabe am politischen Leben, auf Schutz vor Gewalt und Demütigung, um nur einige wichtige Beispiele zu nennen.[3] Der folgende Beitrag gibt einen Überblick über Gegenstände und Methoden der juristischen Geschlechterforschung und widmet sich anschließend etwas genauer einer Schlüsselfrage der Disziplin, auf die man sich von den konkreteren Problemen immer wieder zurückgeworfen sieht: die Frage nach dem Subjekt des Rechts und – damit zusammenhängend – nach dem Geschlechterbegriff des Rechts.

---

1 Eine Ausnahme ist die Professur für Öffentliches Recht und juristische Geschlechterstudien an den Humboldt Universität zu Berlin (Prof. Susanne Baer). Für einen Überblick über Repräsentantinnen der juristischen Geschlechterforschung und ihrer Themenfelder siehe die Interviews auf der Seite „Recht und Gender" der FernUniversität Hagen: http://www.fernuni-hagen.de/rechtundgender/index.shtml (Zugriff am 30.06.2016).

2 Für einen Überblick siehe *Foljanty, L. u. Lembke, U.* (Hrsg.), Feministische Rechtswissenschaft. Ein Studienbuch, 2. Aufl., Baden-Baden 2011; *Greif, E. u. Schobesberger, E.*, Einführung in die feministische Rechtswissenschaft. Ziele, Methoden, Theorien, 2. Aufl., Linz 2007; *Holzleithner, E.*, Recht Macht Geschlecht, Wien 2002.

3 Siehe hierzu *Wapler, F.*, Frauen in der Geschichte des Rechts, in: Foljanty, L. u. Lembke, U. (Hrsg.), Feministische Rechtswissenschaft…, a. a. O., S. 33–51.; *Floßmann, U.*, Frauenrechtsgeschichte. Ein Leitfaden für den Rechtsunterricht, Linz 2004; *Gerhardt, U.* (Hrsg.), Frauen in der Geschichte des Rechts, München 1997.

1. Gegenstände und Methoden der juristischen Geschlechterforschung

Die juristische Geschlechterforschung gehört zu den Grundlagendisziplinen der Rechtswissenschaft. Die Rechtswissenschaft und mehr noch die Rechtspraxis sind zu einem erheblichen Teil von den Methoden der Rechtsdogmatik geprägt. Rechtsdogmatik nimmt das zu einer bestimmten Zeit an einem bestimmten Ort gegebene, das „positive" Recht als den gesetzten Rahmen ihrer Arbeit und befasst sich damit, dieses Recht auszulegen, auf konkrete Sachverhalte anzuwenden („Fälle zu lösen"), seine Systematik und seine Zwecke zu erforschen, es auf Widersprüchlichkeiten zu untersuchen etc. Vor allem Richterinnen und Richter sowie die Verwaltung sind auf diese interne Perspektive begrenzt, weil sie nach dem Grundgesetz (GG) an „Gesetz und Recht" gebunden sind (Art. 20 Abs. 3 GG). Diese Begrenzung hat ihren guten Sinn, soll doch die Rechtsanwendung in einem Rechtsstaat von den Maßstäben abhängen, die der demokratisch legitimierte Gesetzgeber geschaffen hat, und nicht von dem subjektiven Gerechtigkeitsempfinden der Juristinnen und Juristen.

Juristische Grundlagenforschung beginnt dort, wo man über diese Perspektive hinausgeht und das positive Recht gewissermaßen „von außen" betrachtet: Ist es „gerecht"? Wirkt es so, wie der Gesetzgeber es sich vorgestellt hat? Wie hat sich das positive Recht entwickelt? Gibt es historische Traditionen oder Vorbilder in anderen Rechtsordnungen? Dies sind die Fragen der juristischen Grundlagenfächer Rechtsphilosophie, Rechtssoziologie, Rechtsgeschichte und Rechtsvergleichung.

Die juristische Geschlechterforschung betrachtet das Recht ebenfalls aus einer externen Perspektive, indem sie eine ganz bestimmte Frage stellt: Welche Auswirkungen hat das Recht auf das Geschlechterverhältnis? Damit ist die juristische Geschlechterforschung auf keinen bestimmten methodischen Zugang festgelegt, sondern kann ihr Thema rechtsphilosophisch („Ist das geltende Recht im Hinblick auf das Geschlechterverhältnis gerecht?"), rechtssoziologisch („Wie wirkt sich das Recht auf die bestehende Geschlechterordnung aus?"), rechtshistorisch („Wie haben sich geschlechtsspezifische Regelungen im Laufe der Zeit verändert?") und rechtsvergleichend („Wie werden bestimmte Lebensbereiche in anderen Rechtsordnungen geregelt?") untersuchen. Juristische Geschlechterforschung strukturiert sich damit weniger über disziplinäre Abgrenzungen denn über spezifische Lebensbereiche wie „Bildung", „Familie" oder „Sexualität", deren rechtliche Verfasstheit auf unterschiedliche Weise in den Blick genommen wird. Die meisten dieser Lebensbereiche verschließen sich im Übrigen auch einer intradisziplinären Eindeutigkeit, da sie sich selten unter eines der klassischen juristischen Gebiete des Öffentlichen Rechts, Zivilrechts oder Strafrechts fassen lassen. So berührt der Lebensbereich „Familie" nicht nur das im Bürgerlichen Gesetzbuch geregelte Familienrecht, sondern beispielsweise auch das Recht der öffentlichen Sozialleistungen, das Rentenrecht sowie das Steuerrecht und, sofern man das Phänomen der Gewalt in Nahbeziehungen einbezieht, auch das Strafrecht.

2. Das Subjekt des Rechts – geschlechtertheoretisch betrachtet

Historisch betrachtet war das Thema der juristischen Geschlechterforschung über Jahrhunderte die Stellung der Frau im Recht: Die französische Bürgerrechtlerin *Olympe de Gouges* proklamierte im Jahr 1791 in ihrer „Erklärung der Rechte der Frau und Bürgerin" die Teilhabe der Frauen an den allgemeinen Menschenrechten:

> „Die Frau ist frei geboren und bleibt dem Manne gleich in allen Rechten."[4]

Während der Arbeit am deutschen Bürgerlichen Gesetzbuch stritt die deutsche Frauenbewegung vehement, aber erfolglos für die Gleichberechtigung der Frau in Ehe und Familie.[5] Bis in den Hungerstreik gingen in den 1920er Jahren die englischen Suffragetten, um das politische Wahlrecht für Frauen durchzusetzen.[6] In den 1970er Jahren machten Frauen mit dem Slogan „Mein Bauch gehört mir" ihr Selbstbestimmungsrecht über ihren Körper und ihre Fortpflanzung geltend.[7] Heute diskutiert man nicht nur über Ungleichbehandlungen im Renten- und Steuersystem, über Diskriminierungen im Arbeitsleben und den Nutzen oder Schaden von Frauenquoten im öffentlichen Dienst und Aufsichtsräten, sondern unter anderem auch über den rechtlichen Umgang mit Prostitution und die Neufassung des Vergewaltigungsparagraphen, über Leihmutterverträge und gleichgeschlechtliche Elternschaft. Hinter jeder dieser Debatten verbirgt sich die Frage nach einer gerechten Regelung der Geschlechterordnung.

---

4 *Olympe Marie de Gouges*, Deklaration der Rechte der Frau und Bürgerin (1791), Nachdruck bei Schröder, H. (Hrsg.), Die Frau ist frei geboren. Texte zur Frauenemanzipation, Bd. 1: 1789–1870, Frankfurt am Main 1979, S. 36–49 (Art. 1 der Deklaration).

5 Siehe hierzu *Meder, S.*, Familienrecht. Von der Antike bis zur Gegenwart, Köln u. a. 2013, S. 189–215; *ders. Duncker, A. u. Czelk, A.* (Hrsg.), Die Rechtsstellung der Frau um 1900. Eine kommentierte Quellensammlung, Wien 2010.

6 Vgl. *Pankhurst, E. S.*, The Suffragette: The history of the women's militant suffrage movement 1905–10, New York 2011; *Schröder, H.*, Widerspenstige, Rebellinnen, Suffragetten: Feministischer Aufbruch in England und Deutschland, Aachen 2001, S. 54 ff.

7 Vgl. *Zwerenz, I.*, Frauen: Die Geschichte des § 218, Frankfurt am Main 1980; *Lenz, I.*, Die Neue Frauenbewegung in Deutschland: Abschied vom kleinen Unterschied. Eine Quellensammlung, Wiesbaden 2008, S. 97 ff.

Die zentrale These der juristischen Geschlechterforschung, der im Folgenden nachgegangen wird, lautet: Das Subjekt des Rechts ist nicht neutral, sondern ein vergeschlechtlichtes. Die Rechtsordnung setzt eine Geschlechterordnung voraus, weil Geschlecht ein grundlegendes Ordnungsprinzip der Gesellschaft ist, für die das Recht Regeln bereitstellt. Wir alle kennen die Situation, dass wir junge Eltern mit einem Neugeborenen treffen. Wir fragen: „Junge oder Mädchen?“ Für die Gegenwart des Neugeborenen und das Leben mit ihm ist diese Information völlig ohne Belang. Viel wichtiger wäre zu fragen: „Ist es gesund?“, „Trinkt es?“, „Schläft es gut?“ Wir aber glauben, etwas Wichtiges über das Kind zu wissen, wenn wir erfahren haben, ob es ein Junge oder ein Mädchen ist. Das Recht findet diese Ordnung vor, aber nicht nur das: es regelt sie auch und trägt damit mehr oder weniger zu ihrer Stabilität oder Veränderung bei.

Ein zentraler Streitpunkt innerhalb der juristischen Geschlechterforschung ist die Frage, ob die Einteilung der Menschheit in zwei Geschlechter, denen bestimmte Eigenschaften zugeordnet werden, eine natürliche Konstante ist, oder ob sie sich in den unterschiedlichen sozialen und kulturellen Kontexten erst herausbildet. Anders gesagt: Gibt es natürliche Unterschiede zwischen Männern und Frauen oder sind die Unterschiede, die wir zu einem bestimmten historischen Zeitpunkt als vorgefunden erleben, sozial konstruiert und damit wandelbar? Eine damit verbundene Debatte thematisiert die Reichweite der sozialen Wandelbarkeit von Geschlecht: Erfasst sie nur die sozialen Rollen und Eigenschaften, die Männern oder Frauen zugeschrieben werden, oder auch die biologischen Unterschiede? „Gibt“ es also womöglich gar keine Männer und Frauen? Man kann diese Ansätze als „essentialistisch“ und „non-essentialistisch“ klassifizieren und dann innerhalb der non-essentialistischen Kategorie je nach ihrer Radikalität weiter differenzieren.

a. Essentialistische Begriffe des Geschlechts

Wer sich mit islamischem Recht befasst, begegnet dem Geschlecht als einer selbstverständlichen rechtlichen Kategorie: Islamisches Recht ist traditionell und in den meisten heutigen Varianten geschlechterdifferent ausgestaltet. Männer und Frauen werden in den Gesetzen unterschiedlich behandelt.[8] Dies betrifft nicht alle Rechtsbereiche, aber doch jedenfalls einige, die tief in die private Lebensführung eingreifen. Vor allem im Familien- und Erbrecht werden für Männer und Frauen eklatant unterschiedliche Rechte und Pflichten statuiert. In einigen

---

8 Siehe für einen Überblick *Schneider, I.*, Der Islam und die Frauen, München 2011; *Rohe, M.*, Das islamische Recht. Geschichte und Gegenwart, 3. Aufl. München 2011, S. 207 ff., 256 ff.

islamisch geprägten Staaten unterliegen Frauen im öffentlichen Raum erheblichen Beschränkungen, etwa durch die Bekleidungsvorschriften im Iran sowie die Berufs- und Fahrverbote in Saudi-Arabien, wo Frauen zudem nahezu vollständig vom aktiven und passiven Wahlrecht ausgeschlossen sind. Diese Rechtsordnungen kennen keine formale Rechtsgleichheit der Geschlechter, sondern regulieren eine vorausgesetzte Verschiedenheit. Deutlich wird diese Tendenz auch in Art. 3 der Kairoer Erklärung der Menschenrechte im Islam von 1990, in dem es heißt:

> „Die Frau ist dem Mann an Würde gleich."[9]

Diese Formulierung offenbart einen essentialistischen Begriff des Geschlechts: Männer und Frauen sollen in ihrer Verschiedenartigkeit als gleich*wertig* behandelt werden. Man versteht sie als unterschiedliche Kategorien von Menschen, die sich in Ausstattung, Charakter und Fähigkeiten gerade nicht gleichen. In der Gesellschaft haben sie gegensätzliche Aufgaben, die sich ergänzen. Gerecht ist eine Rechtsordnung nach dieser Vorstellung dann, wenn sie Frauen und Männern die Chance gibt, sich in ihren jeweiligen Rollen zu entfalten und ihre gesellschaftlichen Aufgaben gut zu erfüllen.[10]

Essentialistische Geschlechterbegriffe bringen essentialistisch fundierte Reformbewegungen hervor. In der europäischen Frauenbewegung des 19. und beginnenden 20. Jahrhunderts gab es eine breite Strömung, die an der traditionellen Rollenverteilung nichts ändern wollte, aber energisch für die Verbesserung der Situation von Frauen *in der Erfüllung* ihrer als natürlich verstandenen Aufgaben

---

9 Die Kairoer Erklärung wurde von der Organisation Islamischer Staaten verabschiedet, der seinerzeit 57 Staaten angehörten. 45 dieser Mitglieder haben die Erklärung unterzeichnet. Sie ist völkerrechtlich nicht verbindlich, stellt jedoch einen prominenten Versuch dar, dem vermeintlich „westlichen" Menschenrechtsverständnis eine islamische Sichtweise entgegen zu setzen. In etwas abgeschwächter Form findet sich ein geschlechterdifferentes Gleichheitsverständnis auch in Art. 3 Abs. 3 der völkerrechtlich verbindlichen Menschenrechtserklärung der Arabischen Liga aus dem Jahr 2004: „Men and women are equal in human dignity, in rights and in duties, within the framework of the positive discrimination established in favor of women by Islamic Shari'a and other divine laws, legislation and international instruments. Consequently, each State Party to the present Charter shall undertake all necessary measures to guarantee the effective equality between men and women."

10 Vgl. *Bassiouni, M.*, Menschenrechte zwischen Universalität und islamischer Legitimität, Berlin 2014, S. 102 ff.; *Schneider, I.*, Translational turn and international law. Gender Discourses in the Islamic Republic of Iran, in: Hasan, N. u. Schulze, F. (Hrsg.), Indonesian and German views on the Islamic discourse on gender and civil rights, Wiesbaden 2015, S. 133–165.

eintrat.[11] Diese Frauen – und wenige Männer – kämpften für eine bessere Mädchenbildung, für die Berufstätigkeit der unverheirateten (!) Frau und prangerten die sexuelle Doppelmoral der bürgerlichen Gesellschaft an, die von Frauen rigide Treue verlangte und gleichzeitig die weibliche Prostitution als ein wichtiges Instrument der Ehehygiene darstellte. Politische Rechte wie das Wahlrecht forderten sie demgegenüber nicht, lehnten sie teilweise sogar vehement ab. Sie akzeptierten, dass der gesellschaftliche Platz der Frau im Privaten lag, nicht in der öffentlichen Sphäre der politischen Auseinandersetzung und Entscheidung. Damit nahmen sie aber auch das Machtgefälle hin, das dem essentialistischen Geschlechterverständnis in kaum überwindbarer Weise eingeschrieben ist.

b. Gleichwertigkeit bei ungleicher Machtverteilung?

Geschlechterdifferentes Recht ist üblicherweise patriarchal geprägt und stattet die männlichen Bürger mit größeren Freiheiten und Machtbefugnissen aus. Die hierarchische Struktur der Geschlechterordnung kann die öffentliche Sphäre wie das Privatleben betreffen. Wiederum einige Beispiele aus der deutschen Rechtsgeschichte: Bis in das Jahr 1919 durften Frauen in Deutschland nicht wählen und nicht gewählt werden und waren damit von dem zentralen staatsbürgerlichen Recht in einer Demokratie ausgeschlossen.[12] Im privaten Leben galten Einschränkungen vor allem für Ehefrauen. So hatte der Ehemann bis 1957 das Recht, über die Angelegenheiten der gemeinsamen Lebensführung allein zu entscheiden, insbesondere auch den gemeinsamen Wohnort zu bestimmen.[13] Wirksame Schutzvorschriften vor häuslicher Gewalt und sexuellen Übergriffen insbesondere im privaten Nahbereich wurden erst in den 1990er Jahren durchgesetzt.[14] Da alle

---

11 Vgl. hierzu *Gerhard, U.*, Unerhört. Die Geschichte der deutschen Frauenbewegung, Reinbek bei Hamburg 1992, S. 85 ff.; *Wapler, F.*, Frauen in der Geschichte des Rechts…, a.a.O., S. 40 ff.

12 Zur Stimmrechtsbewegung in Deutschland siehe *Gerhard, U.*, Grenzziehungen und Überschreitungen. Die Rechte der Frauen auf dem Weg in die politische Öffentlichkeit, in: dies. (Hrsg.), Frauen in der Geschichte des Rechts. Von der frühen Neuzeit bis zur Gegenwart, München 1997, S. 509 (539 ff.).

13 § 1354 BGB, in Kraft von 1900 bis 1957: „Dem Manne steht die Entscheidung in allen das gemeinschaftliche eheliche Leben betreffenden Angelegenheiten zu; er bestimmt insbesondere Wohnort und Wohnung. Die Frau ist nicht verpflichtet, der Entscheidung des Mannes Folge zu leisten, wenn sich die Entscheidung als Missbrauch seines Rechtes darstellt."

14 Vgl. *Schweikert, B.*, Die Bekämpfung häuslicher Gewalt gegen Frauen als staatliche Aufgabe und Einlösung von Menschenrechten, Archiv für Wissenschaft und Praxis der

diese Reformen politisch gegen massiven Widerstand erkämpft werden mussten, gehört die Kritik am Recht als einem Herrschaftsinstrument des Mannes über die Frau zu den klassischen Topoi der Frauenrechtsbewegung wie der aus ihr hervorgegangenen juristischen Geschlechterforschung.[15] Die vermeintliche „Gleichwertigkeit in der Verschiedenheit" erscheint in diesen Ansätzen als perfider Versuch, den Frauen ein patriarchales Machtgefälle schmackhaft zu machen.

Die Auseinandersetzung mit essentialistischen Geschlechterverständnissen prägt auch die feministische Debatte in den islamisch geprägten Staaten. Hierzu ein – zugegeben anekdotisches – Beispiel: Auf einer deutsch-iranischen Konferenz zum „Dialog der Rechtskulturen", die vor einigen Jahren in Göttingen stattfand, vertrat eine iranische Soziologin die These, die Situation der Frauen im Iran habe sich verschlechtert. Sie berichtete, mittlerweile gebe es in einem öffentlichen Park in Teheran eine abgeschirmte Zone nur für Frauen. Die Unfreiheit der Frauen im öffentlichen Raum finde darin einen beredten Ausdruck. Der erwartbare Protest kam keineswegs nur von ihren männlichen Kollegen, sondern mit besonderer Schärfe von den jungen iranischen Doktorandinnen: Ganz im Gegenteil sei das Areal eine hervorragende Einrichtung, ein echter Fortschritt! Frauen könnten sich nun außerhalb der Privatwohnung unverschleiert zeigen, an der frischen Luft Sport treiben und sich überhaupt frei bewegen. Aus dieser Perspektive erscheint der Frauenbereich im öffentlichen Park als Komfortzone, als Freiheitsgewinn. Man muss dafür aber in einem ersten Schritt die Prämisse akzeptieren, dass Frauen in gemischtgeschlechtlichen Gruppen Haar und Körper zu bedecken haben und keinen Sport treiben dürfen, während Männer diese Freiheiten haben und selbstverständlich nutzen.

c. Non-essentialistische Ansätze I: die Unterscheidung zwischen *sex* und *gender*

Die Wissenschaftlerin, die diese Prämisse in Frage stellte, kann einer liberalen Strömung der Geschlechterforschung zugeordnet werden. Der Liberalismus fordert im Kern gleiche Freiheit für alle Individuen, unabhängig von ihren körperlichen Eigenschaften, ihrem sozialen Status, ihrer Herkunft oder ihren Fähigkeiten. Ausdruck des liberalen Freiheitsdenkens ist die formale Rechtsgleichheit,

---

sozialen Arbeit 4/2013, S. 4–16; *Lembke, U.*, Gewalt im Geschlechterverhältnis, Recht und Staat, in: Foljanty, L./Lembke, U. (Hrsg.), Feministische Rechtswissenschaft…, a. a. O., S. 235 (236 ff.).

15 Siehe nur *MacKinnon, C.*, Toward a Feminist Theory of the State, Cambridge/Mass. 1989.

heutzutage verbunden mit Diskriminierungsverboten. Das Gegenmodell zu der „Gleichheit in Würde" in den islamischen Menschenrechtserklärungen ist die „Gleichheit vor dem Gesetz", wie sie etwa in Art. 26 des Internationalen Paktes über bürgerliche und politische Rechte von 1966 und in Deutschland in Art. 3 Abs. 1 des Grundgesetzes („Alle Menschen sind vor dem Gesetz gleich.") zum Ausdruck kommt. Das Geschlecht darf – neben anderen Merkmalen – nach diesen Bestimmungen grundsätzlich kein Kriterium für unterschiedliche Rechte sein.[16] Sie verkörpern damit eine non-essentialistische Sicht auf das Geschlechterverhältnis.

Non-essentialistische Begriffe des Geschlechts finden wir in der europäischen Rechtsgeschichte schon früh in der Forderung nach gleichen politischen Rechten für Männer und Frauen, allem voran dem Wahlrecht. Prägnant formulierte es die bürgerliche Frauenrechtlerin *Hedwig Dohm* (1831–1919), eine der markantesten Kämpferinnen für das Frauenstimmrecht:

> „Für mich liegt der Anfang alles wahrhaften Fortschritts auf dem Gebiet der Frauenfrage im Stimmrecht der Frauen. Die Gesetze, an denen sie am meisten interessiert sind, sind gegen sie, weil ohne sie."[17]

Non-essentialistische Geschlechterverständnisse begreifen die Geschlechtlichkeit des Menschen mit unterschiedlicher Radikalität als nicht biologisch determiniert, sondern sozial konstruiert. Was Geschlecht bedeutet, wird nach diesen Ansätzen im Zusammenleben der Menschen erst hergestellt. Historisch unterschied man zuerst zwischen der körperlichen Geschlechtsbestimmung und der sozialen Geschlechterrolle, die heute mit den Begriffen von *sex* und *gender* bezeichnet werden. Ein Schlüsselwerk für diese Entwicklung ist „Le deuxième sexe" (dt. „Das andere Geschlecht") der französischen Philosophin *Simone de Beauvoir* aus dem Jahr 1949, wenngleich sie selbst die Ausdrücke *sex* und *gender* nicht verwendet. Sie schreibt:

---

16 Grundlegend *Sacksofsky, U.*, Das Grundrecht auf Gleichberechtigung. Eine rechtsdogmatische Untersuchung zu Art. 3 Absatz 2 des Grundgesetzes, Baden-Baden 1991; *Baer, S.*, Würde oder Gleichheit. Zur angemessenen grundrechtlichen Konzeption von Recht gegen Diskriminierung am Beispiel sexueller Belästigung am Arbeitsplatz in der Bundesrepublik Deutschland und den USA, Baden-Baden 1995; *Wrase, M. u. Klose, A.*, Gleichheit unter dem Grundgesetz, in: Foljanty, L. u. Lembke, U. (Hrsg.), Feministische Rechtswissenschaft…, a. a. O., S. 89–108; zur Geschichte der Frauenrechte im internationalen Menschenrechtsdiskurs *Rudolf, B.*, Menschenrechte und Geschlecht – eine Diskursgeschichte, in: Lembke, U. (Hrsg.), Menschenrechte und Geschlecht, Baden-Baden 2014, S. 24–50.

17 *Dohm, H.*, Der Jesuitismus im Hausstande, 1873, S. 166.

> „Man kommt nicht als Frau zur Welt, man wird es. Keine biologische, psychische oder ökonomische Bestimmung legt die Gestalt fest, die der weibliche Mensch in der Gesellschaft annimmt.“[18]

Das biologische Geschlecht ist demnach nur der Anlass für eine soziale Rollenerwartung, in die das Individuum hineinsozialisiert wird. Die Vorstellungen davon, was eine „richtige“ Frau oder einen „richtigen“ Mann ausmacht, wandeln sich mit den gesellschaftlichen Verhältnissen.

Die Unterscheidung von biologischer Ausstattung *(sex)* und kultureller Überformung *(gender)* ist für die juristische Geschlechterforschung ein gutes Analyseinstrument. Man kann mit ihrer Hilfe darstellen, wie Recht gesellschaftliche Rollenerwartungen aufgreift und zementiert. Ein Beispiel: Bis 1958 konnten sich deutsche Ehemänner von dem Vormundschaftsgericht ermächtigen lassen, ein Arbeitsverhältnis ihrer Ehefrauen zu kündigen, sofern die Berufstätigkeit der Frau „die ehelichen Interessen“ beeinträchtigte.[19] Die Rollenerwartung, eine Ehefrau habe sich qua weiblicher Natur zuerst und vor allem dem Haushalt (und dem Mann) zu widmen, wurde auf diese Weise nicht nur als gesellschaftliche Norm erkennbar, sondern staatlich legitimiert und gerichtlich durchsetzbar. In diesem Sinne kann auch das geschlechterdifferente Ehe- und Familienrecht in islamisch geprägten Staaten als Vollstreckungsinstrument gesellschaftlicher Normalitätsvorstellungen gelesen werden. Die formale rechtliche Gleichstellung gibt Männern und Frauen dagegen die Freiheit, aus gesellschaftlichen Rollenmustern auszubrechen und ganz anders zu leben, wenn sie es nur möchten.

d. Non-essentialistische Ansätze II: Die Dekonstruktion des biologischen Geschlechts

Bis hierhin sprechen wir von der Freiheit der Wahl, wie Individuen als Männer oder Frauen leben möchten, und von gleichen Rechten, politische Entscheidungen mitzugestalten. Radikalere Ansätze der Geschlechterforschung stellen die Normalitätsvorstellungen über das Geschlechterverhältnis noch darüber hin-

---

18 *De Beauvoir, S.*, Das andere Geschlecht. Sitte und Sexus der Frau, 1949, dt. Neuübersetzung Reinbek bei Hamburg 2007, S. 334.

19 § 1358 BGB (in Kraft von 1900–1958): „Hat sich die Frau einem Dritten gegenüber zu einer von ihr in Person zu bewirkenden Leistung verpflichtet, so kann der Mann das Rechtsverhältnis ohne Einhaltung einer Kündigungsfrist kündigen, wenn er auf seinen Antrag von dem Vormundschaftsgerichte dazu ermächtigt worden ist. Das Vormundschaftsgericht hat die Ermächtigung zu erteilen, wenn sich ergibt, dass die Tätigkeit der Frau die ehelichen Interessen beeinträchtigt.“

aus in einer Weise in Frage, die vielen zunächst fremd erscheint. Das „Unbehagen der Geschlechter", von dem die postmoderne Theoretikerin *Judith Butler* schreibt,[20] erzeugt bei vielen ein solches „Unbehagen über Judith Butler", dass sie nicht einmal versuchen, deren – allerdings auch in einer hochspezialisierten Sprache formulierten – Gedanken zu verstehen. Auf die Rechtswissenschaft ist postmoderne Theorie dennoch nicht ohne Einfluss geblieben, weil sie aufzeigt, wie stark das Recht einerseits gesellschaftliche Normalitätsvorstellungen aufgreift und andererseits diese Normalitätsvorstellungen legitimiert und aufrecht erhält. Ihr Grundgedanke geht im Wesentlichen auf *Michel Foucault* zurück. Dieser unterscheidet zwischen zwei Arten der Machtausübung: Auf der einen Seite steht die Macht des Gesetzes und des staatlichen Zwangsapparats, die durch das Recht und staatliche Institutionen wie Behörden, Gerichte, Polizei und Gefängnisse verkörpert wird. Neben dieser deutlichen sichtbaren Machtebene gibt es jedoch informelle, weniger sichtbare Machtstrukturen, die wirken, indem sie Einfluss auf die Identitäten und damit auch auf die Körper und die Selbstwahrnehmung der Individuen nehmen.[21] *Butler* greift diesen Gedanken auf und postuliert, individuelle Identität könne sich stets nur entlang der vorhandenen gesellschaftlichen Machtstrukturen bilden. Wer wir sind, wie wir uns entwickeln und wie wir uns selbst empfinden, ist hochgradig abhängig von dem sozialen und kulturellen Kontext, in dem wir uns bewegen.

Butler verbindet sodann den Gedanken der identitätsbildenden Funktion struktureller Macht mit der Ordnung der Geschlechter. Diese, so *Butler*, wird gesellschaftlich binär konstruiert. Ein Mensch kann demnach nur entweder „männlich" oder „weiblich" sein. In *Butlers* Denken nun hat diese Ordnung keinerlei natürlichen Ursprung, sondern ist ein reines Machtverhältnis, das durch soziale Praxis und die Hierarchisierung von Lebensmöglichkeiten zustande kommt. Damit wird auch der vermeintlich biologische Unterschied von Männern und Frauen zu einer sozialen und kulturellen Kategorie, die durch keine biologische Notwendigkeit geboten ist. Wie die soziale Rolle nehmen wir die körperlichen Merkmale eines Menschen nicht unbefangen wahr, sondern immer schon vor dem Hintergrund unseres sozialen Referenzrahmens, nämlich des binären Systems „Junge oder Mädchen":

---

20 *Butler, J.*, Das Unbehagen der Geschlechter, Frankfurt am Main 1991.

21 Vgl. grundlegend *Foucault, M.*, Die Maschen der Macht, in: Defert, D. u. Ewald, F. (Hrsg.), Michel Foucault. Schriften in vier Bänden, Bd. IV, 2005, S. 224–244; *ders.*, Überwachen und Strafen. Die Geburt des Gefängnisses, Frankfurt am Main 1994; *ders.*, Sexualität und Wahrheit I, Frankfurt am Main 1977.

„Die Geschlechtsidentität umfaßt auch jene diskursiven/kulturellen Mittel, durch die eine ‚geschlechtliche Natur' oder ein ‚natürliches Geschlecht' als vordiskursiv, d.h. als der Kultur vorgelagert oder als politisch neutrale Oberfläche, auf der sich die Kultur einschreibt, hergestellt und etabliert wird."[22]

Butlers Theorie erscheint vielen Menschen kontraintuitiv, weil sie sich und ihre Mitmenschen aufgrund körperlicher Merkmale eindeutig einem der beiden Geschlechter zuordnen und keinen Anlass sehen, dies in Frage zu stellen. Gerade die körperlichen Empfindungen, die mit Menstruation, Schwangerschaft und Geburt einhergehen, sind für viele Individuen so prägend, dass es ihnen abwegig erscheint, sie als reine Produkte sozialer Praxis zu begreifen. Das Empfinden des eigenen Geschlechts wird von den meisten Menschen als etwas erlebt, das weder sie noch ihr Umfeld je ändern könnten.[23]

„Sozial konstruiert" bedeutet jedoch nicht: „spontan ausgedacht" oder „planvoll hergestellt". Soziale Verhältnisse entwickeln sich im Zusammenspiel der gesellschaftlichen Kräfte und haben ein erhebliches Beharrungsvermögen. Für uns Individuen, die wir uns in ihnen bewegen, erscheinen sie in vieler Hinsicht kaum zu beeinflussen und wirken daher so, als seien sie „einfach da". Sie sind Hintergrundbedingungen unserer Existenz. Begreift man den Geschlechterunterschied als „sozial konstruiert", heißt das daher nicht, dass es ihn „nicht gibt" oder dass wir frei wären, uns beliebig geschlechtlich zu definieren.[24] Die soziale Ordnung der Geschlechter strukturiert unser Dasein bis in die körperlichen Empfindungen hinein, indem sie ihnen Bedeutung gibt und Sinn verleiht. Auch unsere Körperwahrnehmung ist für uns also zunächst „einfach da", und erst der geschichtliche und interkulturelle Vergleich zeigt, wie kontingent Körperbilder sind und wie unterschiedlich im Vergleich der Zeiten und Kulturen mit biologischen Umständen wie Schwangerschaft und Geburt umgegangen wird.[25] Lässt

---

22 *Butler, J.*, Das Unbehagen der Geschlechter..., a.a.O., S. 24.

23 Siehe zur Auseinandersetzung mit der in vieler Hinsicht berechtigten Kritik an Butlers Theorie, sie blende das körperliche Erleben aus, *Butler, J.*, Körper von Gewicht: die diskursiven Grenzen des Geschlechts, Frankfurt am Main 1997.

24 Vgl. *Butler, J.*, Das Unbehagen der Geschlechter..., a.a.O., S. 27: „Das bedeutet nicht, daß in Sachen Geschlechtsidentität prinzipiell alle und jede Möglichkeiten offen stehen, sondern daß die Schranken der Analyse auf die Grenzen einer diskursiv bedingten Erfahrung verweisen. Diese Grenzen wurden stets nach Maßgabe eines hegemonialen kulturellen Diskurses festgelegt, der auf binäre Strukturen gegründet ist, die als Sprache der universellen, allgemeingültigen Vernunft erscheinen."

25 Vgl. *Duden, B. u. Schlumbohm, J. u. Veit, P.* (Hrsg.), Geschichte des Ungeborenen. Zur Erfahrungs- und Wissenschaftsgeschichte der Schwangerschaft, 17.-20. Jahrhundert, Göttingen 2002; *Villa, P.-I. u. Moebius, S. u. Thiessen, B.* (Hrsg.), Soziologie der Ge-

man auf sich wirken, wie sich Individuen heute in sozialen Netzwerken darstellen, diese Darstellung fortwährend wiederholen, verfeinern und von dem stetigen Strom der Reaktionen der anderen abhängig machen, wird auch *Butlers* Annahme, Identität entstehe durch die beständige Inszenierung und Re-Inszenierung („Performanz"),[26] plausibel.

Ein in dieser Weise von biologischen Essentialismen befreiter („dekonstruierter") Geschlechterbegriff muss nicht zu dem Ergebnis führen, dass es „eigentlich" keine Männer und Frauen gibt, und schon gar nicht folgt aus ihm die normative Prämisse, man dürfe nicht mehr von Männern und Frauen sprechen, um Menschen zu beschreiben. Soziale Verhältnisse entwickeln sich im Gegenteil gerade entlang wahrnehmbarer Unterschiede und sind auf die Bezeichnung von Differenz angewiesen. Den Geschlechterbegriff zu dekonstruieren, stellt lediglich die normative Annahme in Frage, aus der Beschreibung einer Person als „Mann" oder „Frau" folge naturgemäß eine bestimmte Ausstattung an Eigenschaften, Fähigkeiten oder Rechten. Deutlicher noch lässt sich dieser Zusammenhang am Beispiel der Hautfarbe aufzeigen: Zwar sind die Hautfarben der Menschen wahrnehmbar unterschiedlich, sie gehen jedoch nicht mit rational begründbaren charakterlichen Unterschieden einher. Dennoch haben sich in der Vergangenheit um die Hautfarbe herum vielfältige Natürlichkeitsvorstellungen entwickelt, die alle dazu dienten, die Überlegenheit der einen „Rasse" gegenüber den anderen zu begründen sowie soziale und rechtliche Ungleichbehandlungen zu legitimieren. Dekonstruiert man nun diese Stereotypen als rassistische Zuschreibungen, so entlarvt man die Hautfarbe als *Anlass* für soziale Differenzierung, sagt jedoch keineswegs im selben Atemzug, alle Menschen sähen gleich aus. Man erklärt die Hautfarbe lediglich zu einem Merkmal, aus dessen Wahrnehmung sich keine zwingenden Gründe für eine soziale Differenzierung, eine politische Machtstruktur oder eine rechtliche Ungleichbehandlung ergeben.

Nicht anders ist es mit dem Geschlecht: Sieht man in der körperlichen Ausstattung der Individuen lediglich einen Anlass für soziale Differenzierung, dem keine natürlichen Notwendigkeiten zugrunde liegen, bedeutet das nicht, körperliche Unterschiede als solche zu negieren oder politisch die „Gleichmacherei" zu fordern. Stattdessen mahnt *Butlers* Geschlechtertheorie die Rechtswissenschaft, sich gegenüber Natürlichkeitsdiskursen jeglicher Art mit einer fundamentalen Skepsis zu wappnen.

---

burt. Diskurse, Praktiken und Perspektiven, Frankfurt/M. 2011; *Hirschauer, S. u. a.*, Soziologie der Schwangerschaft. Explorationen pränataler Sozialität, Stuttgart 2014.

26 Vgl. *Butler, J.*, Das Unbehagen der Geschlechter…, a. a. O., S. 205 f.

(1) Geschlecht und Personenstand

Bestätigt wird diese Skepsis durch die Erkenntnisse der Medizin und Psychologie, nach denen „Geschlecht" ebenfalls keine eindeutige Kategorie ist. Das Geschlecht eines Menschen wird vielmehr durch eine Reihe von Faktoren bestimmt, insbesondere durch die Chromosomen, die primären und sekundären Geschlechtsmerkmale und das eigene Empfinden.[27] Manche Menschen lassen sich schon auf der körperlichen Ebene geschlechtlich nicht eindeutig zuordnen (Intersexualität). Andere können körperlich nach medizinischen Kriterien eingeordnet werden, empfinden sich jedoch als dem anderen Geschlecht zugehörig (Transsexualität). Das Recht hat in vielen Staaten auf diese Befunde reagiert. In Deutschland hat das Bundesverfassungsgericht schon 1978 die selbst empfundene Geschlechtlichkeit als wichtigen Teil der Identität des Menschen anerkannt und in den Schutzbereich der Menschenwürde und des allgemeinen Persönlichkeitsrechts (Art. 2 Abs. 1 i.V.m. Art. 1 Abs. 1 GG) einbezogen.[28] Dies hat erhebliche Auswirkungen vor allem auf das Personenstandsrecht: Zwar werden Menschen nach der Geburt immer noch im Regelfall als „männlich" oder „weiblich" in das Personenstandsregister eingetragen. Das deutsche Transsexuellengesetz erlaubt jedoch bereits seit den 1980er Jahren den Wechsel des personenstandsrechtlichen Geschlechts, wenn es mit dem empfundenen Geschlecht nicht übereinstimmt.[29] Seit 2013 kann zudem im Personenstandsregister der Geschlechtseintrag offen gelassen werden, wenn ein Mensch nicht eindeutig dem männlichen oder weiblichen Geschlecht zugeordnet werden kann (§ 22 Abs. 3 Personenstandsgesetz).[30]

In einem binären Geschlechterschema müssen inter- und transsexuelle Menschen als krankhafte Abweichungen von einer natürlichen Normalität erscheinen. Die ersten Reaktionen der deutschen Rechtsprechung auf den Wunsch nach Anerkennung derart „abweichender" Geschlechtsidentitäten gingen denn auch in die Richtung, die biologisch fundierte Zweiteilung des Geschlechts in Männer und Frauen als Grundprinzip des Rechts zu postulieren, in das ein Individuum

27 Siehe hierzu den Überblick in: Deutscher Ethikrat, Intersexualität. Stellungnahme, Berlin 2012, S. 27 ff.

28 BVerfGE 49, 286.

29 Gesetz über die Änderung der Vornamen und die Feststellung der Geschlechtszugehörigkeit in besonderen Fällen (Transsexuellengesetz) vom 10.09.1980, BGBl. 1980 I, S. 1654, zuletzt geändert am 17.07.2009, BGBl. 2009 I S. 1978; siehe aber die verbindliche Entscheidung des Bundesverfassungsgerichts vom 11.01.2011, Az. 1 BvR 3295/07, BGBl. 2011 I, S. 224 (teilweise Verfassungswidrigkeit des § 8 TSG).

30 Eingeführt mit Wirkung zum 01.11.2013 durch das Gesetz zur Änderung personenstandsrechtlicher Vorschriften v. 07.05.2013, BGBl. 2013 I, S. 1122.

sich einzuordnen habe.[31] Postmoderne Ansätze öffnen demgegenüber einen vorurteilslosen Blick auf Individuen, die nicht in das vermeintlich natürliche Schema von „Junge oder Mädchen" passen, und akzeptieren sie als gleichwertige Varianten menschlichen Seins. Die Rechte inter- und transsexueller Menschen finden in der postmodernen Theorie daher eine starke Unterstützung.

(2) Geschlecht und sexuelle Orientierung

Postmoderne Theorien waren es auch, die aufgezeigt haben, wie stark der Begriff des Geschlechts mit der sexuellen Orientierung verwoben ist. Geschlecht wird als Bündel von Eigenschaften gedacht, in das auch die Orientierung auf das Gegengeschlecht gehört. Butler nennt dies das „System der Zwangsheterosexualität":[32] Männer haben Frauen zu lieben und Frauen Männer, und wer dieser Norm nicht entspricht, befindet sich in einer erklärungsbedürftigen Situation. Homosexualität wurde und wird in vielen Rechtsordnungen abgewertet und wird bis heute gerade in islamisch geprägten Staaten mit drakonischen Strafen belegt, weil sie einer natürlichen, auf die Fortpflanzung ausgerichteten Sexualität zu widersprechen scheint. Postmoderne Theorien, die als *queer theory* mittlerweile Eingang auch in die juristische Geschlechterforschung gefunden haben,[33] können demgegenüber aufzeigen, wie stark die Abwertung homosexueller Praktiken mit gesellschaftlichen Normalitätsvorstellungen zu tun hat. Heterosexuelles Verhalten als „natürlicher" zu betrachten als homosexuelles, obwohl beides über die Jahrhunderte und über kulturelle Grenzen hinaus im menschlichen Zusammenleben vorkommt, erweist sich aus dieser Perspektive als Naturalisierung einer sozialen Norm, die in der Gesellschaft und im Recht verändert werden kann.

(3) Geschlecht im Kontext: Das Verschwinden des politischen Subjekts „Frau"

Stellt man die hergebrachte Geschlechterdifferenz so radikal in Frage, lösen sich die Kategorien „männlich" und „weiblich" in einer Pluralität von Exis-

---

31 BGHZ 57, 63, Ziff. 23; AG München, 13.09.2001, Az. 722 UR III 302/00.

32 *Butler, J.*, Das Unbehagen der Geschlechter…, a. a. O., S. 39 und passim.

33 Vgl. *Hark, S.*, Lesbenforschung und Queer Theorie: Theoretische Konzepte, Entwicklungen und Korrespondenzen, in: Becker, R. u. Kortendiek, B. (Hrsg.), Handbuch Frauen- und Geschlechterforschung, 3. Aufl. Wiesbaden 2010, S. 108–115; *Cowan, S.*, ‚What a long strange trip it's been': Feminist and Queer Travels with Sex, Gender and Sexuality, in: Munro, V. E. (Hrsg.), The Ashgate Research Companion to Feminist Legal Theory, Farnham 2016, S. 105 (115 ff.).

tenzweisen auf, bei denen man sich fragen muss, ob sie überhaupt noch unter einen gemeinsamen Begriff gefasst werden können. Für die Frauenbewegung geht damit die unangenehme Frage einher, ob es überhaupt eine Gruppe von Menschen gibt, die unter dem Label „Frauen“ durch gemeinsame Interessen verbunden ist. Butler verneint dies und sieht in dem feministischen „Wir“ nicht mehr als eine weitere strukturelle Festlegung, die Individuen in ihrer Freiheit beschränkt:

> „Das feministische „Wir“ ist stets nur eine phantasmatische Konstruktion, die zwar bestimmten Zwecken dient, aber zugleich die innere Vielschichtigkeit und Unbestimmtheit dieses „Wir“ verleugnet und sich nur durch die Ausschließung eines Teils der Wählerschaft konstituiert, die sie zugleich zu repräsentieren sucht.“[34]

Nun ist es keineswegs eine historisch neue Erkenntnis, dass Frauen in einer Gesellschaft nicht notwendig dieselben Interessen verfolgen. Schon die erste deutsche Frauenbewegung um die Wende vom 19. zum 20 Jahrhundert war von fundamentalen Gegensätzen geprägt, die insbesondere zwischen den Frauen der bürgerlichen Schichten und den Arbeiterinnen kaum eine Verständigung möglich erscheinen ließen.[35] Noch erheblich stärker wird der Rekurs auf „die Frauen“ aber von postkolonialen feministischen Theorien in Frage gestellt, die eine Dominanz westlich geprägter, weißer Frauen innerhalb des feministischen Diskurses anprangern.[36] Dieser Konflikt betrifft wesentlich auch die Formulierung und Rechtfertigung von Frauenrechten, insbesondere dann, wenn es um kulturelle Praktiken geht, die den westlichen Staaten fremd sind, etwa, um ein Beispiel aus dem Kontext des islamischen Rechts zu wählen, religiöse Bekleidungsvorschriften.[37] Ob die Entscheidung einer Frau, aus religiösen Gründen ein Kopftuch, den Niqab oder die Burka zu tragen, Ausdruck ihrer Religions-

---

34 *Butler, J.*, Das Unbehagen der Geschlechter…, a.a.O., S. 209. Siehe auch *Hark, S.*, Deviante Subjekte: Die paradoxe Politik der Identität, Opladen 1996.

35 *Wapler, F.*, Frauen in der Geschichte des Rechts…, a.a.O., S. 40 ff.

36 Grundlegend *Spivak, G.*, Can the Subaltern Speak? Speculations on Widow Sacrifice, 1985; *Mohanty, C. M.*, Under Western Eyes: Feminist Scholarship and Colonial Discourses, boundary 2, Vol. 12, No. 3 (1984), S. 333–358; Überblick bei *Gutiérrez Rodríguez, E.*, Postkolonialismus: Subjektivität, Rassismus und Geschlecht, in: Becker, R. u. Kortendiek, B. (Hrsg.), Handbuch Frauen- und Geschlechterforschung…, a.a.O., S. 274–282.

37 Hierzu ist anzumerken, dass religiöse Bekleidungsvorschriften als solche wie auch spezielle Normen für Frauen (insb. das Nonnenhabit) im westlichen Kontext nicht unbekannt sind, jedoch in der rechtlichen wie politischen Diskussion nicht als vergleichbar problematisch wahrgenommen werden.

freiheit sein kann oder als Zeichen ihrer internalisierten Inferiorität zu werten ist, ob die muslimische Frau also religiöses Subjekt oder Opfer ihrer kulturellen Tradition ist, wird in den feministischen Debatten der westlichen Staaten bis heute kontrovers (und häufig ohne nennenswerte Beteiligung der Betroffenen) diskutiert.[38] Postkoloniale Theorien kritisieren die Tendenz in den westlichen Diskussionen um Frauenrechte, Frauen aus anderen kulturellen Kontexten pauschal als passive Opfer darzustellen, denen man ihre eigene Unterdrückung erst bewusst machen müsse:

> „While the category of ‚oppressed woman' is generated through an exclusive focus on gender difference, ‚the oppressed third world woman' category has an additional attribute – the ‚third world difference!' The ‚third world difference' includes a paternalistic attitude towards women in the third world."[39]

Nimmt man diese Kritik ernst, kommt man nicht notwendig zu einem kulturellen Relativismus, der eine universelle Geltung von Menschenrechten in Frage stellt. Deutlich wird aber die Notwendigkeit, kulturelle Praktiken nicht von außen und von oben herab zu verurteilen, sondern den Betroffenen in den jeweiligen Ländern aufmerksam zuzuhören und sie als selbstbestimmte Akteurinnen innerhalb ihres gegebenen sozialen und kulturellen Kontextes zu akzeptieren.[40] In diesem Sinne hat der Europäische Gerichtshof für Menschenrechte im Jahr 2014 die Begründung des sogenannten „Burka-Verbotes" im öffentlichen Raum in Frankreich zwar im Ergebnis für vereinbar mit der Europäischen Konvention für Menschenrechte (EMRK) bewertet. Die Begründung der französischen Regierung, man wolle mit dem Verbot jedenfalls auch die betroffenen Frauen schützen, hat er hingegen nicht gelten lassen: Der Grundsatz der Gleichheit von Mann und Frau rechtfertige es nicht, Praktiken zu verbieten, die von Frauen als Ausübung ihrer Grundrechte verteidigt werden.[41]

---

38 Vgl. grundlegend *Wiese, K.*, Lehrerinnen mit Kopftuch, Berlin 2008, und zu neueren Entwicklungen *Heinig, H. M.*, Ein neues Kapitel in einer unendlichen Geschichte? Verfassungsrechtliche, prozessrechtliche und religionspolitische Anmerkungen zum Kopftuchbeschluss des Bundesverfassungsgerichts vom 27. Januar 2015, Recht der Jugend und des Bildungswesens 63 (2015), S. 217–232; *Beaucamp, G.*, In dubio pro libertate: Überlegungen zur Kopftuch- und Burkaverbotsdebatte, Die öffentliche Verwaltung 68 (2015), S. 174–183.

39 Vgl. *Mohanty, C. M.*, Under Western Eyes…, a. a. O., S. 333 (251 f.).

40 Vgl. hierzu *Foljanty, L. u. Lembke, U.*, Migration, Flucht und Geschlecht, in: dies. (Hrsg.), Feministische Rechtswissenschaft…, a. a. O., S. 259 (264 f.).

41 EGMR, Urt. v. 01.07.2014, Beschw-Nr. 43835/11, § 119: „Nach Ansicht des Gerichtshofes kann sich aber ein Mitgliedstaat nicht auf die Geschlechtergleichheit berufen,

3. Religiöse Begründungen der Geschlechterdifferenz

Bislang war viel von der Dekonstruktion vermeintlich natürlicher Geschlechterunterschiede die Rede. Man kann sich nun fragen, ob diese Gedanken auch im Umgang mit dem islamischen Recht weiterhelfen. Das geschlechterdifferente islamische Recht wird primär theologisch begründet – unterschiedliche Rechte und Pflichten für Frauen und Männer ergeben sich aus den religiösen Rechtsquellen. Denkt man religiöses Recht als gottgewollt und darum absolut geltend, so gibt es keine Möglichkeit der Dekonstruktion. Sie eröffnet sich erst, wenn man sich erlaubt, den theologischen Begründungszusammenhang als solchen als historisch-sozialen Prozess zu erkennen. Religiöse Begründungen sind in diesem Sinne nichts weiter als eine andere Art von Versuchen, eine bestimmte Ordnung der Dinge als unhintergehbar zu präsentieren. Religiöse Argumente und Natürlichkeitsvorstellungen treffen dabei nicht selten zusammen: Der göttliche Schöpfungsakt schafft die natürliche Ordnung der Geschlechter, mit der sodann im Recht argumentiert werden kann. Die Bewegungen für eine Liberalisierung des islamischen Rechts, die eine historische Kontextualisierung der Rechtsquellen fordern, reklamieren genau dies: die Normen des islamischen Rechts nicht als zeitlose Beschreibungen einer natürlichen Ordnung zu begreifen, sondern als Produkte der historischen Situation zu Lebzeiten Mohammeds und seiner Nachfolger.[42] Die Konsequenz wäre eine historische Dekonstruktion, die den Kontext der islamrechtlichen Normen sichtbar macht und dadurch eine Anpassung an veränderte gesellschaftliche Verhältnisse erlaubt.

4. Fazit

Begreift man das Geschlechterverhältnis weniger als biologische denn als normative Ordnung, so wird der Blick frei auf das, was übrig bleibt, wenn man alle Natürlichkeitsparadigmen abstreift: ein Machtverhältnis. Es zeigt sich eine Hierar-

---

um eine Praxis zu verbieten, die von Frauen – wie der Beschwerdeführerin – im Zusammenhang mit der Ausübung der in diesen Bestimmungen [Art. 8 EMRK, FW] garantierten Freiheiten verteidigt wird, solange nicht davon ausgegangen wird, dass Individuen auf dieser Grundlage vor der Ausübung ihrer eigenen fundamentalen Rechte und Freiheiten geschützt werden könnten."

42 Vgl. zu modernen Ansätzen in der Koranexegese *Wild, S.*, Mensch, Prophet und Gott im Koran, Baden-Baden 2001, insb. S. 30 ff. Speziell zu geschlechtertheoretischen Diskussionen *Schneider, I.*, Islamische geschlechtergerechte Theologie in Deutschland, in: Korshide, M, u. El Omari, D. (Hrsg.), Muslima Theologie, Abington (im Erscheinen).

chie der Geschlechter, die als natürlich oder gottgewollt gepriesen wird, politisch umkämpft ist und über die Zeiten und Kulturen höchst unterschiedliche Gestalt annimmt. Man erkennt eine Ordnung, an der wir alle mitwirken, indem wir uns in ihr bewegen und uns zwangsläufig immer wieder als „normal" oder „anders" positionieren. In diesem Sinne wird Geschlechtlichkeit im Laufe der Kindheit habituell eingeübt, ist von gesellschaftlichen Erwartungen geprägt und kommt durch soziale Anpassungsprozesse zustande.[43]

Das Recht ist in diesem Machtspiel ein Mittel mit durchaus ambivalentem Charakter: Recht kann die Ordnung stärken, indem es sie durch Anreize oder Sanktionen aufrechterhält. Mit Hilfe des Rechts kann die bestehende Ordnung aber auch aufgebrochen werden, etwa indem es Menschen Freiheitsrechte gewährt, die ihnen eine Vielfalt von Lebensmöglichkeiten eröffnen. „ Die Frauenfrage ist Rechtsfrage",[44] schrieb die erste deutsche Juristin Anita Augspurg und verband mit dieser Aussage sowohl die Kritik an dem seinerzeit bestehenden geschlechterdifferenten Recht als auch die Forderung nach anderen, besseren rechtlichen Regelungen für Frauen.

Mittlerweile ist die Frauenfrage längst zur Geschlechterfrage geworden, denn Männer wie Frauen und auch Menschen, die sich nicht eindeutig zuordnen, sind in ihren Identitäten von gesellschaftlichen Erwartungen und Zuschreibungen geprägt. Das Beispiel der Hautfarbe zeigt, wie kurz gegriffen es auch wäre, bei der Geschlechterdifferenz stehen zu bleiben. Denn die Machtfrage stellt sich überall, wo Menschen aufgrund vermeintlich natürlicher Unterschiede ungleich behandelt werden. Die moderne juristische Geschlechterforschung befasst sich darum auch mit dem Zusammenspiel von Diskriminierungen aufgrund des Geschlechts und beispielsweise einer Behinderung, eines Glaubens oder rassistischer Zuschreibungen. Sie erkennt, dass Diskriminierungsmerkmale kumuliert auftreten, sich aber auch gegenseitig aufheben können (Intersektionalität).[45] Dadurch wird die Situation noch einmal komplexer: Ist die gebildete, wohlhabende, deutsche Zahnärztin im Ergebnis privilegierter als der nach Deutschland geflüchtete, syrische, männliche Bootsbauer, erfordert dies genaueres Hinsehen und schärfere Analyseinstrumente

43 Instruktiv hierzu *Holzleithner, E.*, Geschlecht als Anerkennungsverhältnis, juridicum 3/2002, S. 107–110; *Adamietz, L.*, Geschlecht als Erwartung. Das Geschlechtsdiskriminierungsverbot als Recht gegen Diskriminierung wegen der sexuellen Orientierung und der Geschlechtsidentität, Baden-Baden 2011.

44 *Augspurg, A.*, „Gebt Acht, solange noch Zeit ist!", in: Die Frauenbewegung 1895, S. 4–5.

45 *Markard, N.*, Die andere Frage stellen. Intersektionalität als Analysekategorie im Recht, Kritische Justiz 2009, S. 353–364.

als die einfache Entgegensetzung privilegierter Männer und benachteiligter Frauen. Am Ende führen alle diese Überlegungen zu der Urfrage des politischen Liberalismus: Wie muss eine politische Struktur, wie muss das Recht gestaltet sein, damit jedes Individuum die gleiche Freiheit hat, sein Leben selbstbestimmt zu führen? Die juristische Geschlechterforschung kann zu dieser Frage insofern viel beitragen, als sie die Lebenssituation derjenigen im Blick hat, die traditionell sozial und wirtschaftlich benachteiligt und unterrepräsentiert sind. Aus diesem Blickwinkel heraus lässt sich fragen, wie gesellschaftliche Ungleichheit rechtlich strukturiert ist und was zu tun wäre, um diese Verhältnisse zu verändern.

Christine Langenfeld, Göttingen

Geschlechterrollen in Ehe und Familie im Wandel der Zeit und des Rechts[1]

1. Einführung

Das Grundgesetz enthält in Art. 3 Abs. 2 S. 1 i.V.m. Abs. 3 S. 1 GG ein Diskriminierungsverbot, d.h. ein Verbot, Männer und Frauen wegen ihres Geschlechts rechtlich unterschiedlich zu behandeln.[2] Dies ist Ausdruck der gleichen Würde[3] von Mann und Frau und der ihnen damit zukommenden Autonomie. Dies gilt auch gerade für den Bereich von Ehe und Familie. Darüber hinaus normiert Art. 3 Abs. 2 GG einen Gleichstellungsauftrag, der darauf gerichtet ist, die Gleichstellung von Mann und Frau auch in der gesellschaftlichen Wirklichkeit, also im realen Leben, durchzusetzen.

2. Adressat und Inhalt des Diskriminierungsverbots

Das Diskriminierungsverbot richtet sich an den Staat und zwar an alle staatlichen Institutionen, d.h. an die Exekutive und die Gerichtsbarkeit, aber auch an den Gesetzgeber. Das Diskriminierungsverbot beinhaltet nicht nur die Verpflichtung zur Rechtsanwendungsgleichheit, sondern auch die Verpflichtung zur Rechtssetzungsgleichheit, d.h. der Gesetzgeber selbst darf grundsätzlich keine Gesetze erlassen, die Männer und Frauen nur wegen ihres Geschlechts unterschiedlich

---

1 Die nachfolgenden Ausführungen beruhen in weiten Teilen auf *Langenfeld, Ch.*, Geschlechterrollen in Ehe und Familie im Wandel der Zeit und des Rechts. In: Giegerich, Th. u. Meng, W. u. Ress, G. u. Stein, T. (Hrsg.), Herausforderungen an Staat und Verfassung: Völkerrecht – Europarecht – Menschenrechte, Liber Amicorum für Torsten Stein zum 70. Geburtstag, Baden-Baden 2015, S. 988–1006.

2 Dies gilt entweder in Form eines Anknüpfungs- oder eines Begründungsverbots, für Ersteres siehe nur *Sachs, M.*, Besondere Gleichheitsgarantien. In: Isensee, J. u. Kirchhof, P. (Hrsg.), Handbuch des Staatsrechts der Bundesrepublik Deutschland. Bd. 8: Grundrechte : Wirtschaft, Verfahren, Gleichheit. C. F. Müller, Heidelberg, Hamburg (u.a.), 3. Auflage 2010, § 182, Rn. 73; für Letzteres *Heun, W.*, in: Dreier, H. (Hrsg.), Grundgesetz Kommentar. Bd. 1: Präambel, Artikel 1–19. Mohr Siebeck, Tübingen, 3. Auflage 2013, Art. 3, Rn. 125.

3 Zum Zusammenhang der Diskriminierungsverbote mit Art. 1 Abs. 1 GG statt vieler *Heun, W.*, in: Dreier ..., a.a.O., Rn. 117.

behandeln. So ist es z. B. verboten, Frauen im Fall der Scheidung[4] oder bei der elterlichen Sorge[5] für die gemeinsamen Kinder anders zu behandeln als Männer[6]; untersagt sind auch Unterschiede im Bereich des Erbrechts[7], des Staatsangehörigkeitsrechts[8], des Strafrechts[9] etc.

Privatpersonen sind nicht an das Diskriminierungsverbot gebunden, jedenfalls nicht unmittelbar. Es obliegt daher z. B. den Ehepartnern darüber zu entscheiden, in welcher Weise sie sich die Aufgaben in Ehe und Familie teilen (§ 1356 Abs. 1 S. 1 BGB), ob die Ehefrau einer außerhäuslichen Arbeit nachgeht, oder ob sie sich der Erziehung der Kinder widmet.

---

4 Eine besondere Konstellation der Rechtsanwendungsgleichheit ist indes in international-privatrechtlichen Fällen gegeben. Es stellt sich hier die Frage, ob eine ausländische Sachnorm durch deutsche Hoheitsträger anzuwenden ist. Die Anwendbarkeit der Norm hängt gem. Art. 6 S. 2 EGBGB davon ab, ob die Vorschrift im konkreten Fall gegen Grundrechte und damit den *ordre public* verstößt (vgl. *Langenfeld*, in: Maunz/Dürig (Hrsg.), Grundgesetz Kommentar. Beck, München, 75. Ergänzungslieferung September 2015, Art. 3 Abs. 2 Rn. 161). Insoweit könnte die Anwendbarkeit islamischer Eheschließungs- und Scheidungsvorschriften wegen *Verstoßes gegen Art. 6 EGBGB iVm Art. 3 Abs. 2 GG* ausgeschlossen sein. In diesem Zusammenhang stellt sich etwa die Frage nach der Zulässigkeit des Ausspruchs des *ṭalāq* als konstitutive Scheidungsvoraussetzung. Die Rechtsprechung nimmt dann keinen Verstoß gegen den *ordre public* an, wenn das konkrete Ergebnis der Anwendung des ausländischen Rechts aus der Perspektive des deutschen Rechts nicht zu missbilligen ist; dies sei jedenfalls der Fall, wenn die Ehefrau mit dem Ausspruch einverstanden ist, und die Ehe ebenso nach deutschem Recht zu scheiden wäre. Hierzu vgl. BGH, NJW-RR 2005, S. 81 (84); OLG Frankfurt a. M. FamRZ 2009, S. 1504 (1505); *Langenfeld*, in: Maunz/Dürig …, a. a. O., Rn. 163 mwN und kritisch zum Ausspruch der Verstoßungsformel im Gericht.

5 Ein Verstoß gegen Art. 6 EGBGB iVm Art. 3 Abs. 2 GG ist z. B. nach Rechtsprechungsansicht nicht gegeben, wenn eine iranisch-schiitische Sachnorm im Scheidungsfall stets der Frau die Personensorge für das minderjährige Kind und dem Mann die Vermögenssorge zuspricht, sofern die Entscheidung im Einzelfall dem Kindeswohl entspricht, vgl. BGH, NJW-RR 1993, S. 962 (963). Die Norm ist damit anwendbar.

6 Verfassungswidrig war etwa die Regelung in § 8 EheG a. F., wonach Frauen nach der Ehescheidung erst nach Ablauf von zehn Monaten eine neue Ehe eingehen durften.

7 Klassisches Beispiel ist hier die frühere Anerbenregelung in § 6 Abs. 3 S. 1 HöfeO a. F., wonach männliche Abkömmlinge gesetzlich bevorzugt wurden; vgl. hierzu BVerfGE 15, 337 (342), insb. 345 f.; BGHZ 125, 41 (48).

8 Verfassungswidrig waren ab dem 01.04.1953 (vgl. Art. 117 Abs. 1 GG) die Tatbestände, die Erwerb oder Verlust der Staatsangehörigkeit für Frauen an jene des Ehemannes koppelten (§§ 3 Nr. 3, 6, 17 Nr. 6 RuStAG 1913).

9 Die Strafbarkeit homosexueller Handlungen galt bis 1969, allerdings nur für Männer, was in BVerfGE 6, 389; 36, 41 noch für verfassungsrechtlich gerechtfertigt gehalten wurde.

3. Ausnahmen vom Diskriminierungsverbot – Entwicklung und Inhalt

Das Diskriminierungsverbot gilt nicht schrankenlos. Ausnahmen sind – in eng begrenztem Rahmen – zulässig. Im Ergebnis können heute – abgesehen von Formen der sogenannten positiven Diskriminierung zur Durchsetzung der Gleichstellung der Geschlechter in der Lebenswirklichkeit – zur Rechtfertigung von rechtlichen Unterscheidungen zwischen Mann und Frau nur noch Regelungen zum Schutz von Mutterschaft[10], Geburt und Stillzeit herangezogen werden und zwar auch nur deshalb, weil es sich hierbei um Probleme handelt, „die ihrer Natur nach nur entweder bei Männern oder bei Frauen auftreten können".[11] Konstitutionelle Schwächen von Frauen im Verhältnis zu Männern gehören aber nicht zu jenen biologischen Unterschieden, die eine Ungleichbehandlung rechtfertigen können. Zur Rechtfertigung einer Differenzierung wegen biologischer Eigenschaften ist ferner vorauszusetzen, dass diese zur Lösung der hiermit verbundenen Probleme „zwingend erforderlich"[12] ist, was eine strenge Verhältnismäßigkeitsprüfung sowie die Überprüfung von mittelbar nachteilhaften Auswirkungen etwa von Mutterschutzvorschriften beinhaltet.[13]

Ausgeschlossen ist seit der Nachtarbeitsentscheidung des Bundesverfassungsgerichts[14] die Begründung von geschlechtsbezogenen Unterscheidungen mit der Annahme funktional-arbeitsteiliger Verschiedenheiten[15] zwischen den Geschlechtern. In dieser Entscheidung ging es um die Vereinbarkeit des Verbots der Nachtarbeit ausschließlich für weibliche Arbeiter mit der Geschlechtergleichbehandlung. Das Verbot wurde u. a. mit dem Umstand begründet, dass Frauen regelmäßig durch die berufliche Arbeit und die Arbeit in Familie und Haushalt in doppelter Weise belastet seien. Das Nachtarbeitsverbot trage dieser Doppelbelastung Rechnung, indem es Frauen vor Nachtarbeit schütze. Diese Begründung wurde vom Bundesverfassungsgericht als unzulässig verworfen, da sie letztlich die Rollenverteilung zum Nachteil der Frauen akzeptiere und in die Zukunft hinein

10 So auch schon BVerfGE 3, 225 (242).

11 BVerfGE 85, 191 (207); weitergeführt in E 92, 91 (109); 114, 357 (367).

12 BVerfGE 85, 191 (207).

13 Siehe *Osterloh, L.*, in: Sachs (Hrsg.), Grundgesetz Kommentar. Beck, München, 6. Auflage 2011, Art. 3, Rn. 274.

14 BVerfGE 85, 191.

15 BVerfGE 85, 191 (207); anders noch BVerfGE 3, 225 (242); 6, 389 (422); 10, 59 (74); 15, 337 (343); 21, 329 (343 f.); 37, 217 (249 f.); 39, 169 (189 f.); zuletzt E 74, 163 (179); 84, 9 (18).

perpetuiere.[16] Es gibt allerdings auch eine Kehrseite der Medaille, denn eine auf die Überwindung der überkommenen Geschlechterrollen gerichtete Gesetzgebung trifft häufig auf eine gesellschaftliche Wirklichkeit, die dem angestrebten Leitbild der Gleichstellung der Geschlechter (noch) nicht entspricht. So bewirkt der Wegfall des Nachtarbeitsverbots nicht automatisch auch eine Veränderung der traditionellen innerfamiliären Rollenverteilung. Denn obwohl sich hier gerade bei der jüngeren Generation ein Einstellungswandel vollzieht, tragen die Frauen doch weiterhin regelmäßig die Hauptlast der Vereinbarkeit von Familie und Beruf, jetzt allerdings ohne den Schutz des Nachtarbeitsverbots.

4. Verhältnis von Art. 6 Abs. 1 zu Art. 3 Abs. 2 und 3 S. 1 GG – Auf dem Weg zur Wahlfreiheit?

Für die verfassungsrechtliche Bestimmung der Rolle von Mann und Frau in Ehe und Familie ist neben dem Diskriminierungsverbot weiterhin Art. 6 Abs. 1 GG von Bedeutung, der Ehe und Familie als privaten Raum, den die Ehepartner und Familienmitglieder frei und gleichberechtigt gestalten, schützt. Setzt man bei der aus Art. 6 Abs. 1 i.V.m. Art. 3 Abs. 2 GG[17] folgenden Grundannahme gleichberechtigter Partnerschaft an, muss zunächst die grundsätzliche Freiheit der Ehegatten zur „konsensualen Ausgestaltung“[18] ihres je eigenen Familienmodells zum Maßstab des rechten Verhältnisses zwischen den beiden Grundrechtsbestimmungen gemacht werden. Der Staat vertraut darauf, dass die Ehepartner sich frei von staatlicher Beeinflussung auf ein Modell werden einigen können, das ihre jeweilige Interessenlage am besten abbildet. Entscheidend ist somit, dass Mann und Frau gleichberechtigt bei der Ausübung der ehelichen Wahlfreiheit zusammenwirken können. Das geltende Eherecht geht von der Vorstellung einer arbeitsteiligen Ehe aus, d. h. die Ehepartner sind einander verpflichtet, durch Arbeit zum Unterhalt der Ehe oder Familie beizutragen (§ 1360 S. 1 BGB). Wie diese Arbeitsteilung im konkreten Fall aussieht, sollen die Ehepartner frei entscheiden können. Der Gesetzgeber muss sich hier neutral verhalten. Dies war nicht immer so. Noch im Jahre 1957 legte der Gesetzgeber als Leitbild für die Ehe die sogenannte Hausfrauenehe fest (§§ 1356 Abs. 1, 1357, 1360 BGB a. F.). Heute ist klar, dass biologische Unterschiede keine naturgegebene Rollenverteilung zwischen Mann und Frau mehr rechtfertigen. Regelungen,

16 BVerfGE 85, 191 (209 f.).

17 Siehe hierzu *Uhle, A.*, in: Epping, V. u. Hillgruber, Ch. (Hrsg.), Grundgesetz Kommentar. Beck, München, 2. Auflage 2013, Art. 6, Rn. 6: „Zusammenschau“.

18 *Uhle, A.*, in: Epping/Hillgruber …, a. a. O., Rn. 7.

wie sie etwa früher im Beamtenrecht üblich waren, wonach die Entlassung einer Beamtin nach ihrer Verheiratung unter Hinweis auf den naturgegebenen Funktionsunterschied zwischen Mann und Frau erfolgte, waren damit verfassungswidrig. Man sollte sich freilich klarmachen, dass solche Regelungen in Deutschland teilweise sogar bis in die 70er Jahre hinein bestanden. Bis 1977 durfte eine Ehefrau eine berufliche Tätigkeit nur aufnehmen, soweit dies mit ihren Pflichten in Haushalt und Familie vereinbar war.[19] Basierend darauf benötigte die Ehefrau für die Aufnahme einer Erwerbstätigkeit die Zustimmung des Ehemannes.[20] Diese hatte sie beim Abschluss des Arbeitsvertrages dem Arbeitgeber vorzulegen. Die vollständige Gleichstellung von Mann und Frau im Ehe- und Familienrecht wurde erst mit den Gleichberechtigungsgesetzen von 1957[21] bzw. 1977[22] umgesetzt.

Es ist also zunächst die „rechtliche Gleichheit zwischen den Ehepartnern"[23], die die Ehe nach dem Grundgesetz somit auszeichnet. Keinesfalls soll Art. 3 Abs. 2 GG eine faktische Gleichheit der Ehegatten bezwecken. Eine solche Deutung des Verhältnisses von Art. 6 Abs. 1 und Art. 3 Abs. 2 S. 2 GG lässt sich auch mit dem Wortlaut von Art. 3 Abs. 2 S. 2 GG begründen, wonach „die tatsächliche Durchsetzung der Gleichberechtigung" zu fördern ist. Nicht ein ganz bestimmtes Gleichstellungsergebnis soll danach erzielt werden, vielmehr ist auf die tatsächliche Ermöglichung der den beiden Partnern zustehenden Entscheidungsfreiheit abzuzielen. Richtig ist, die durch Art. 6 Abs. 1 GG geschützte Wahlfreiheit und die Gleichberechtigung als aufeinander bezogen zu begreifen. Art. 3 Abs. 2 GG kann zur Legitimierung staatlicher Maßnahmen herangezogen werden, mit denen Verhaltensänderungen ermöglicht werden sollen. Dies kann z. B. durch Maßnahmen geschehen, die auch Väter dazu veranlassen, sich stärker der Kindererziehung zu widmen. Ein Beispiel dafür stellen die sogenannten „Vätermonate" dar, über

---

19 Vgl. § 1356 Abs. 1 S. 1 und 2 BGB a. F.: „Die Frau führt den Haushalt in eigener Verantwortung. Sie ist berechtigt, erwerbstätig zu sein, soweit dies mit ihren Pflichten in Ehe und Familie vereinbar ist."

20 Dies ergab sich aus dem männlichen Direktionsrecht, vgl. § 1354 Abs. 1 S. 1 HS. 1 BGB a. F.: „Dem Manne steht die Entscheidung in allen das gemeinschaftliche Leben betreffenden Angelegenheiten zu; […]."

21 Gesetz über die Gleichberechtigung von Mann und Frau auf dem Gebiet des bürgerlichen Rechts (Gleichberechtigungsgesetz – GleichberG) vom 18.06.1957 (BGBl. I, S. 609).

22 Erstes Gesetz zur Reform des Ehe- und Familienrechts (1. EheRG) vom 14.06.1976 (BGBl. I, S. 1421) mit Wirkung zum 01.07.1977.

23 *Uhle, A.*, in: Epping/Hillgruber …, a. a. O., Rn. 7.

die der Bezug des Elterngeldes um zwei zusätzliche Monate verlängert werden kann[24] oder die jetzt im Zuge der Einführung des Elterngeld Plus vorgesehenen vier Bonusmonate für den Fall, dass beide Partner ihre Arbeitszeit gleichermaßen reduzieren (auf 25–30 Stunden).[25] Denn bei der Umsetzung des Gleichstellungsauftrages hat der Staat insbesondere den Aspekt der Vereinbarkeit von Familie und Beruf zu berücksichtigen, da an dieser Stelle immer noch eine der zentralen Barrieren für die Gleichstellung von Frauen nicht nur im Beruf, sondern gerade auch in Ehe und Familie liegt. Der Staat muss deswegen sicherstellen, dass Erwerbstätigkeit und Familie aufeinander abgestimmt werden können und dass möglichst reale Wahlfreiheit herrscht.[26]

Bei allen Maßnahmen, die der Staat zur Förderung der Gleichstellung von Mann und Frau trifft, muss er freilich stets die Autonomie der Ehe- und Lebenspartner wahren. Eine Verhaltenserzwingung oder ein übermäßiger Verhaltensdruck wäre daher mit Art. 6 Abs. 1 GG unvereinbar. Auf Art. 3 Abs. 2 S. 2 GG kann jedenfalls nur ein an Freiheiten und Möglichkeiten orientiertes familien- und gleichstellungspolitisches Steuerungsmodell gestützt werden. Nicht rechtfertigen ließe sich ein Konzept, welches die Eheleute auf ein bestimmtes Familienmodell festzulegen versuchte und nur eine ganz bestimmte Modellwahl, etwa das Doppelverdiener-Modell, in dem beide Ehepartner erwerbstätig sind, als im Sinne der Gleichberechtigung für akzeptabel erklärte.

Was dies genau bedeutet und wo der Gesetzgeber die rote Linie der Verfassungswidrigkeit überschreitet, ist nicht leicht auszumachen. Denn in der heutigen Zeit werden bestimmte Formen der innerfamiliären Aufgabenteilung nicht explizit bevorzugt oder als Leitbild propagiert, vielmehr unterstützt der Staat Familien mit Kindern im Rahmen des Familienlastenausgleichs in vielfältigster Weise durch materielle und nicht materielle Leistungen.[27] Wenn der Gesetzgeber hierbei insbesondere die partnerschaftliche Wahrnehmung von Familienaufgaben prämiert, etwa durch zusätzliche Leistungen und flexible Arbeitszeitmodelle, und den Ausbau von Kinderbetreuungseinrichtungen forciert, so liegt hierin nicht

24 Vgl. § 4 Abs. 4 S. 2 des Gesetzes zum Elterngeld und zur Elternzeit (BEEG) vom 05.12.2006 (BGBl. I, S. 2748), in der Fassung der Bekanntmachung vom 27.01.2015 (BGBl. I S. 33).

25 Vgl. § 4 Abs. 4 S. 3 BEEG, eingefügt durch Artikel 1 des Gesetzes zur Einführung des Elterngeld Plus mit dem Partnerschaftsbonus und einer flexibleren Elternzeit im Bundeselterngeld- und Elternzeitgesetz vom 18.12.2014 (BGBl. I 2325) m.W.v. 01.01.2015.

26 BVerfGE 97, 332 (348); 109, 64 (89).

27 Vgl. zum Folgenden bereits *Langenfeld, Ch.*, Geschlecht – Kein Thema mehr für das Recht?. In: DVBl., Köln 2010, S. 1019–1028 (1027).

etwa die Vorgabe eines neuen Leitbildes von der Doppelverdienerehe, sondern das Bemühen, der Lebenswirklichkeit und den Bedürfnissen der jungen Familien und der zahlreichen Alleinerziehenden (vorwiegend Mütter) von heute gerecht zu werden. Dass es dem Gesetzgeber hierbei auch um die Sicherung und Ausschöpfung des vorhandenen Arbeitskräftereservoirs geht, ist ihm angesichts des bereits spürbaren Fachkräftemangels, der Umkehrung der Alterspyramide und der damit verbundenen Herausforderungen für die Alterssicherung nicht vorzuwerfen.

Und in der Tat: So vielfältig die staatlichen Maßnahmen zur Unterstützung von Familien sind, so vielfältig und gegensätzlich ist die (verfassungs-)rechtliche und rechtspolitische Kritik daran. Am Elterngeld wird kritisiert, dass der Gesetzgeber durch die grundsätzliche Begrenzung der Bezugsdauer des Elterngeldes auf 12 bzw. 16 Monate (§ 4 Abs. 5 S. 1 BEEG) einen Anreiz für Mütter setzt, möglichst rasch in das Berufsleben zurückzukehren, was einen Eingriff in Art. 6 Abs. 1 GG darstellen kann.[28] In der Tat verfolgt der Gesetzgeber mit der Begrenzung des Elterngeldes das Ziel, Eltern, namentlich Frauen, bereits vor Ablauf der (fortbestehenden) dreijährigen Elternzeit zu einer Rückkehr in den Beruf zu bewegen. Dies ist aber ein in Hinblick auf Art. 3 Abs. 2 GG (und das Sozialstaatsprinzip) zulässiges Ziel. Denn je länger die Unterbrechung der Erwerbstätigkeit andauert, desto schwerer fällt der Wiedereinstieg in den Beruf. Fortbildungsmaßnahmen können dies nur zum Teil auffangen. Gesehen werden müssen auch die Grenzen der Flexibilisierung, an die insbesondere kleinere Unternehmen bei zu langen Familienphasen stoßen und die die Bereitschaft dämpfen können, Frauen im „gebärfähigen Alter" einzustellen. Umgekehrt wird von manchen in der Gewährung von Elterngeld eine generelle Benachteiligung der Doppelverdienerehe gesehen: Denn der vorübergehende Verzicht auf eine Erwerbstätigkeit werde stärker gefördert als die Fortsetzung der Berufstätigkeit unter Inanspruchnahme einer Kin-

28 Angemerkt sei an dieser Stelle, dass die Bezugsdauer des Elterngeldes nach § 6 BEEG bei hälftigem Bezug auf 24 bzw. 28 Monate ausgedehnt werden kann. Vielfach dürfte sogar dieser reduzierte Betrag das abgeschaffte Erziehungsgeld übersteigen, das zwischen 300 und 450 Euro lag und im Übrigen bereits bei einem Einkommen der Ehegatten in Höhe von 30.000 Euro/Jahr entfiel. Von Beginn des siebten Lebensmonats waren die Einkommensgrenzen für den vollen Bezug des Erziehungsgeldes noch weiter abgesenkt. Rund 25 % der Eltern bekamen damit überhaupt kein Erziehungsgeld, von den verbleibenden 75 % erhielten ca. 16 % Erziehungsgeld nur für die ersten sechs Monate. Nur rund 50 % der Berechtigten hatten im zweiten Lebensjahr des Kindes einen Anspruch auf Erziehungsgeld (höchstens 300 Euro). Demgegenüber erhalten nahezu 100 % aller Familien Elterngeld, Frauen durchschnittlich 11,5 Monate und Männer durchschnittlich 4,3 Monate, vgl. BT-Drs. 16/10770, S. 13.

derbetreuung durch Dritte. Der vorübergehende Ausstieg aus dem Beruf werde Müttern damit „schmackhaft" gemacht und bringe sie wieder „zurück an die Wiege."[29] Unerwünschte und damit verfassungsrechtlich prekäre gleichstellungspolitische Wirkungen hätten auch das mittlerweile aus kompetenziellen Gründen für verfassungswidrig erklärte Betreuungsgeld[30] und das Ehegattensplitting, das die Alleinverdienerehe begünstige und damit faktisch die Hausfrauenehe.[31]

Die sehr widersprüchliche Kritik am Elterngeld macht die Schwierigkeiten deutlich, vor denen der Gesetzgeber hier steht. Sie zeigt aber auch, dass die staatlichen Fördermaßnahmen keine eindeutige „Schlagseite" zugunsten eines bestimmten Familienmodells haben. Vielmehr sind die einzelnen Maßnahmen in ihrer Wirkung umstritten. Sie zeugen vom Bemühen des Gesetzgebers, möglichst jedem Familienmodell gerecht zu werden, und damit Wahlfreiheit zu gewährleisten.

5. Vereinbarkeit von Familie und Beruf – Herausforderungen und aktuelle Entwicklungen

Eine der zentralen Barrieren für die reale Gleichstellung von Frauen und Männern im Beruf liegt in der fortbestehenden Schwierigkeit, Familie und Beruf mitein-

---

29 *Brosius-Gersdorf, F.*, Elterngeld und steuerliche Absetzbarkeit von Kinderbetreuungskosten. In: JZ, Tübingen 2007, S. 326–338 (333 f., 337). Offen ist, ob dieser Kritik angesichts des Vorhabens der Bundesregierung, die Bezugsdauer des Elterngeldes für den Fall einer Teilzeitbeschäftigung auf bis zu 28 Monaten auszudehnen („Elterngeld Plus" – siehe dazu Fn. 25), „der Wind aus den Segeln" genommen ist, da eine frühere Rückkehr in den Beruf auf der Basis einer Teilzeitbeschäftigung mit dem längeren Bezug von Elterngeld kombiniert werden kann. Denn es bleibt immer noch bei der geringeren – steuerlichen – Förderung einer frühen Rückkehr in die Vollzeittätigkeit. Eine andere Gegenposition wird einwenden, dass das Elterngeld Plus Anreize setzt, noch früher in die (Teilzeit)Beschäftigung zurückzukehren und damit Familien veranlasst werden, ihre Kinder – jedenfalls teilweise – nicht mehr selbst zu betreuen. Dem kann nun wieder entgegnet werden, dass die Bonus-Regelung, die einen um vier Monate verlängerten Elterngeldbezug vorsieht, wenn beide Partner teilzeitbeschäftigt sind, bessere Möglichkeiten einer längeren innerfamiliären Betreuung durch beide Partner eröffnet.

30 Vgl. BVerfG, in: NJW 2015, S. 2399 (2400 ff.).

31 Pointiert *Sacksofsky, U.*, Steuerung der Familie durch Steuern. In: NJW, München 2000, S. 1896–1903 (1900); *dies.*, Einfluss des Steuerrechts auf die Berufstätigkeit von Müttern. In: Hohmann-Dennhardt, Ch. U. Körner, M. u. Zimmer, R. (Hrsg.), Geschlechtergerechtigkeit. Festschrift für Heide Pfarr, Baden-Baden 2010, S. 363–377 (369 ff., insb. 373).

ander zu vereinbaren.[32] Die daraus resultierende Doppelbelastung trifft in der Regel immer noch Frauen. Das Bundesverfassungsgericht hat dies gesehen und den Gleichstellungsauftrag um den Aspekt der Vereinbarkeit von Familie und Beruf erweitert. Angesichts der großen Vielfalt von Lebenssituationen und Lebensentwürfen von Eltern bedarf es hierbei differenzierter Zugänge, die dieser Pluralisierung gerecht werden. Wie Umfragen zeigen, besteht gerade bei jungen Eltern nicht nur der Wunsch nach einer Flexibilisierung der Arbeitswelt und guter Kinderbetreuung, sondern auch nach mehr gemeinsamer Zeit für die Familie, nach „Zeitwohlstand".[33]

Die Schaffung von „Zeitwohlstand" darf freilich nicht zu dauerhaften Nachteilen im beruflichen Fortkommen führen. Alle Bemühungen sind folglich darauf zu richten, für Mütter und Väter Möglichkeiten zu eröffnen, verschiedene Lebensphasen entsprechend den sich jeweils stellenden Anforderungen zu gestalten und aufeinander abzustimmen. Dies ist Teil der Herstellung faktischer Wahlfreiheit, die der Gesetzgeber zur Maxime seiner Familien- und Gleichstellungspolitik zu machen hat. Angesichts der immer noch ganz überwiegend praktizierten Aufgabenverteilung innerhalb der Familie würden allerdings hiervon besonders Frauen profitieren. *Maßnahmen zur Verbesserung der Vereinbarkeit von Familie und Beruf sind damit immer auch Schritte hin zu mehr Gleichstellung.* Denn die Impulse für die innerfamiliäre Aufgabenaufteilung werden nicht nur in der Familie gesetzt, sondern auch außerhalb in der Arbeitswelt. Bietet jene beiden Partnern trotz familiärer Verpflichtungen gleiche berufliche Entwicklungsmöglichkeiten, wirkt dies auch zurück auf die innerfamiliäre Entscheidung über die Aufteilung von Erwerbs- und Familienarbeit.

6. Fazit

Die Entwicklung des Verhältnisses von Mann und Frau anhand der Veränderungen im Familienrecht unter der Geltung des Grundgesetzes war zunächst geprägt von der formalen rechtlichen Gleichstellung von Mann und Frau sowie später und bis heute von der Verwirklichung der Gleichstellung der Geschlechter in der gesellschaftlichen Wirklichkeit. Offen die Frau benachteiligende Regelungen gibt

32 Die nachfolgenden – aktualisierten – Ausführungen (bis nach Fn. 33) finden sich auch in *Langenfeld, Ch.*, Geschlecht – kein Thema ..., a. a. O., S. 1019 (1025 f.).

33 *Seehausen, H.*, Flexibilisierung von Angebotsformen und Betreuungszeiten. In: KiTa aktuell (HRS), Köln 2008, S. 220 zit. nach *Krone, S. u. Stöbe-Blossey, S.*, Vater, Mutter, Kind – und Job? Zur Organisation von Erwerbstätigkeit und Kinderbetreuung. In: FPR, München 2010, S. 137–140 (139).

es im deutschen Recht nicht mehr; aber immer noch haben es Frauen in vielfacher Hinsicht schwerer, ihre Vorstellungen von einem Leben, in dem Familie und Beruf miteinander in Einklang gebracht werden können, zu verwirklichen und dies, obwohl Frauen – und dies zeigen alle Statistiken – mittlerweile bei den Bildungsabschlüssen mit den Männern gleichgezogen, sie teilweise sogar überholt haben.

Die formale Gleichstellung von Mann und Frau trifft nicht selten auf eine gesellschaftliche Wirklichkeit, die Frauen strukturell benachteiligt. Schutzvorschriften und Maßnahmen zur tatsächlichen Umsetzung der Gleichstellung können faktische Diskriminierungen auslösen. Hinzu kommen Inkonsistenzen in der Gesetzgebung, deren Folgen auf dem Rücken der Frauen ausgetragen werden. Ein Beispiel hierfür ist das neue Recht zum Unterhalt nach der Ehescheidung. Das alte Recht sah den sogenannten nachehelichen Unterhalt vor, der sicherstellen sollte, dass der Lebensstandard des geschiedenen Ehegatten auch nach der Scheidung möglichst erhalten blieb. Gerade für Frauen, die wegen der Erziehung von Kindern während der Ehe häufig auf eine eigene Erwerbstätigkeit ganz oder teilweise verzichtet haben, bedeutete dies eine wichtige Absicherung. Andererseits belastete eine solche Unterhaltsverpflichtung den finanziell besser gestellten Partner, in der Regel den Mann, erheblich, insbesondere dann, wenn dieser eine neue Partnerschaft einging. Die Neuregelung des Scheidungsfolgenrechts vor einigen Jahren schaffte den nachehelichen Ehegattenunterhalt im Grundsatz ab.[34] Letzterer ist im Wesentlichen nur noch dann an den geschiedenen Ehegatten zu zahlen, wenn er/sie ein Kind von unter drei Jahren betreut (vgl. § 1570 BGB). Danach muss der Ehegatte nach Beendigung der Ehe grundsätzlich selbst für sich aufkommen (Grundsatz der Eigenverantwortung, § 1569 BGB). Das dahinter stehende Leitbild lässt sich zugespitzt wie folgt formulieren: Die Ehe erscheint danach „als Zusammenschluss aus zwei eigenverantwortlichen Individuen […], die ihre Lebensläufe zwar für den Moment verflechten, diese Verbindung aber jederzeit wieder auflösen können, und dies nach Möglichkeit rückstandsfrei."[35] Gerade für Frauen kann dies eine erhebliche Benachteiligung bedeuten, denn in der Wirklichkeit sind sie es regelmäßig, die ihre beruflichen Karrieren und damit auch ihre Verdienstmöglichkeiten zugunsten familiärer Pflichten zurückstellen.[36] Der hierdurch entstehenden Schieflage in Bezug auf die finanzielle Situation der betroffenen Frauen nach der Scheidung hat der Gesetzgeber durch Änderung des

34 Neuregelung der §§ 1569 ff. BGB durch das Gesetz zur Änderung des Unterhaltsrechts vom 21.12.2007 (BGBl. I, S. 3189).

35 *Wapler, F.*, Kinderbetreuung und Erwerbsarbeit – Tendenzen in der neueren Rechtsprechung zum Unterhaltsrecht, In: RdJB, Berlin 2014, S. 36–58 (38 f.).

36 Siehe hierzu *Wapler, F.*, Kinderbetreuung …, a. a. O., S. 36 f.

§ 1578b BGB, wonach beim nachehelichen Unterhalt auch die Ehedauer mit zu berücksichtigen ist, versucht entgegenzutreten. Dennoch bleibt es dabei: Die in aller Regel von Frauen getragene „Sorgearbeit"[37] bringt erhebliche Versorgungsrisiken mit sich. Und ob dem Kindeswohl mit einer derart rigiden Vorstellung von der Zuträglichkeit außerhäuslicher Betreuung und damit der Eigenverantwortung des geschiedenen betreuenden Elternteils wirklich Rechnung getragen wird, steht auf einem ganz anderen Blatt und kann hier nicht vertieft werden.

Das neue Recht trägt damit zwar einerseits der gesellschaftlichen Wirklichkeit insofern Rechnung, als es berücksichtigt, dass mittlerweile in Deutschland nahezu jede zweite Ehe geschieden und vielfach im Anschluss eine neue Partnerschaft nicht selten auch mit Kindern eingegangen wird, die ebenfalls finanziell unterhalten werden müssen. Andererseits laufen gerade Frauen Gefahr, in eine finanziell prekäre Situation zu geraten. Und dies hat weitere Konsequenzen: Denn eine Vorsorge für das Alter können die betroffenen Frauen vielfach nicht erbringen. D.h., es besteht die Gefahr, dass gerade Frauen, umso mehr, wenn sie alleinerziehend sind, im Alter arm sein werden. Vor diesem Hintergrund sind mögliche Anreize, die Frauen zu einem (teilweisen) Verzicht auf Erwerbstätigkeit verleiten könnten, kritisch zu sehen.[38] Es handelt sich also insgesamt um eine Situation, in der sich die zurückgehende Stabilität familiärer Beziehungen in Zusammenschau mit der fehlenden tatsächlichen Durchsetzung der Gleichstellung im Bereich familiärer Pflichten zu einer neuartigen strukturellen Benachteiligung von Frauen verdichtet. Die partnerschaftliche Gleichstellung von Mann und Frau im familiären Alltag erweist sich damit auch als soziale Frage ersten Ranges.

---

37 *Wapler, F.* Kinderbetreuung …, a. a. O., S. 36.

38 Siehe *Wapler, F.*, Kinderbetreuung …, a. a. O., S. 36 (45 f.) m. Vw. auf den „Wertungswiderspruch" der etwa dadurch entstanden wäre, wenn Frauen durch die Gewährung von Betreuungsgeld motiviert worden wären, zugunsten der Kinderbetreuung auf Erwerbsarbeit zu verzichten, „um dann nach einer Trennung oder Scheidung auf das gegenläufige Prinzip der Eigenverantwortung des § 1569 BGB verwiesen zu werden."

Irene Schneider, Göttingen

Recht und Geschlechterordnung: Gesellschaftliche Debatten um die *ḫul*ʿ-Scheidung in Palästina 2012–2014

I. Einleitung

Am 20. August 2012 erließ der *Dīwān Qāḍī al-Quḍāt* der West-Bank (Palästina) unter Vorsitz des Oberrichters, des *Qāḍī al-Quḍāt*, Yūsuf Id ʿīs, eine Regelung (arab. *ta ʿmīm* 59/2012) zur sogenannten Loskaufscheidung, der *ḫul* ʿ-Scheidung.[1] Dieser Regelung zufolge konnten nun Frauen gerichtlich die Scheidung gegen Bezahlung einer Summe, die im Allgemeinen die Brautgabe (arab. *mahr)* umfasst, auch gegen den Willen des Ehemannes erwirken. Sie revidierte bzw. ergänzte damit faktisch das auf der West-Bank geltende Jordanische Personenstandsrecht (JPSR) aus dem Jahr 1976,[2] welches in Art. 102 festhält, dass *ḫul* ʿ nur bei gegenseitigem Einverständnis der Ehegatten gerichtlich erwirkt werden kann. Anders als im ägyptischen Gesetz von 2000[3] wurde dieses Recht auf der West-Bank Frauen nur vor dem Vollzug der Ehe (arab. *qabla ad-duḫūl*) zugestanden.

---

1 Zum Text dieser Regelung s.: http://kudah.pna.ps/userfiles/file/%D8%A7%D9%84%D8%AE%D9%84%D8%B9%281%29.jpg (abgerufen am 04. Januar 2016). Der vorliegende Artikel ist Teil einer in Arbeit befindlichen Monographie zum Thema „Gender and Law in Palestine“ (Erscheinen 2017). Das Quellenmaterial habe ich bei zwei Forschungsaufenthalten an der Universität Birzeit zwischen Oktober und Dezember 2013 und im Oktober 2014 gesammelt.

2 Für das in Palästina geltende Gesetzesrecht – wie auch zahlreiche andere wichtige Rechtstexte – siehe die Datenbank „al-muqtafi“ der Birzeit-Universität (BZU) / Ramallah: http://muqtafi.birzeit.edu. Das jordanische Personalstatut wurde mehrfach novelliert, diese Novellen, die u. a. auch die *ḫul* ʿ-Scheidung betrafen, wurden in der West-Bank jedoch nicht übernommen, s. dazu Anm. 46. Zum Familienrecht in Palästina s. *Al-Botmeh, R.*, A Review of Palestinian Legislation from a Women's Rights Perspective. In: UNDP: Rule of Law and Access to Justice Program, ohne Ort 2012; für Jordanien s. den Art. Jordan (*Engelcke, D.)*. In: Encyclopaedia on Law and Religion, Robbers, G. und Durham, C. (Hrsg.), 2016 (forthcoming).

3 *Denker, H.*, Die Wiedereinführung des *ḫul* ʿ und die Stärkung der Frauenrechte. Eine Studie zur Reform des Personalstatusrechts im islamischen Rechtskreis am Beispiel des ägyptischen Gesetzes Nr. 1 von 2000. In: Tellenbach, S. und Hanstein, Th. (Hrsg.), Beiträge zum Islamischen Recht IV, Frankfurt a. M. 2004, S. 125–209.

Die Neuregelung wurde im Vorfeld, aber auch nach dem Erlass im großen Stil in den Medien und einer breiten Öffentlichkeit diskutiert. Da diese Diskussionen im Vorfeld erheblich zur Einführung der Neuregelung beitrugen, können sie mit Benhabib als Iterationen mit jurisgenerativen Folgen bezeichnet werden.[4] Gemeint sind damit sich in der Öffentlichkeit abspielende Diskursprozesse, die zumindest teilweise in jurisgenerative Maßnahmen, neue Gesetze und Regelungen, münden. In Iterationen vollzieht sich, nach Benhabibs Definition, eine Neu- bzw. Umdeutung, eine Transformierung bestehender Rechtsverhältnisse, -normen und -konzepte, es werden neue Maßstäbe dessen entwickelt, was als „autoritativ" gelten kann. Die Akteur_innen im öffentlichen Diskurs eignen sich die bestehenden Normen an und re-interpretieren sie auf der Grundlage bestimmter Richtlinien und Prinzipien, den „guiding norms and principles".[5] Diese bestimmen die Ausgestaltung der neuen Regelungen, der Umdeutung des klassisch-rechtlichen Begriffs „*ḫulʿ*" und die (Neu)zuschreibungen von Geschlechterrollen.

An dieser Diskussion beteiligten sich zum einen zivilgesellschaftliche Organisationen, zum anderen Mitglieder des Scharia-Establishments bestehend aus Richter_innen und Anwält_innen der in der West-Bank für das Familienrecht zuständigen Scharia-Gerichte, aber auch Professoren[6] der Hochschulen. Von staatlichen Stellen gab es dazu offenbar keine offizielle Stellungnahme.[7]

Die Neuregelung wurde als notwendige Folge einer gesellschaftlichen Entwicklung beschrieben, der zufolge zunehmend junge Frauen nach der Unterzeichnung eines Ehevertrags aber noch vor der Hochzeit mit der Hochzeitsnacht (arab. *lailat ad-duḫla*) von ihren zukünftigen Ehemännern verlassen wurden bzw. die Auflösung der Ehe wünschten. Diese jungen Frauen befanden sich in einer Situation des „Zwischenstatus", sie wurden „*muʿallaqāt*" genannt. Der Narrative zufolge hätten die jungen Männern sie unter Druck gesetzt und die Scheidung nur dann zugesichert, wenn sie ihnen nicht nur das Brautgeld (arab. *mahr*) und die aufgewendeten Geschenke zurückerstatteten, sondern weitaus größere Summen an sie bezahlten. Es war von „Erpressung" (arab. *ibtizāz*) der jungen Frauen

---

4 *Benhabib, S.*, Rights of Others, Cambridge 2004, S. 181.

5 *Benhabib, S.*, Rights…, S. 181.

6 Im Allgemeinen wird die geschlechtergerechte Schreibweise verwendet, wenn Frauen diese Positionen innehatten. So gab es 2013 auf der West-Bank drei weibliche Scharia-Richterinnen. Die Professorenschaft an den Scharia-Fakultäten der Universitäten des Landes war jedoch zu diesem Zeitpunkt rein männlich besetzt.

7 In einem Interview vom 13. Oktober 2014 bezeichnete Ḥasan al-ʿŪrī, juristischer Berater des palästinensischen Präsidenten, diese Regelung als widerrechtlich und verfassungswidrig, s. dazu unten, S. 68.

die Rede. Da es sich häufig um die erste Ehe gehandelt zu haben scheint, spielte der Status der jungen Frauen als „soziale" Jungfrauen[8] eine nicht unerhebliche Rolle, die sich in einer für sie schwierigen Situation wiederfanden. Durch den bestehenden Ehevertrag war ihnen ein gesellschaftlich akzeptabler Umgang mit jungen Männern und möglichen Heiratskandidaten verboten, zugleich verfügten sie nicht über die respektable soziale Position und wirtschaftliche Absicherungen einer Ehefrau durch den Unterhalt. Die Neuregelung sollte hier Abhilfe schaffen und so fand der *taʿmīm* direkt nach seiner Veröffentlichung in einem Brief an die Scharia-Richter Anwendung an den Scharia-Gerichtshöfen der West-Bank.

Ob die Neuregelung dazu angetan ist, die in der Narrative dargestellte rechtlich-soziale Ausgangssituation der Unterdrückung und Erpressung junger Frauen zu beenden, sei dahin gestellt. Auf verfassungsrechtlicher Ebene wirft sie Probleme auf: Sie wurde durch ein Organ, den oben genannten *Dīwān Qāḍī al-Quḍāt*, verabschiedet, das verfassungsrechtlich keine Kompetenz der Gesetzgebung hat. Stattdessen hätte die Neuregelung im Parlament debattiert und in Kraft gesetzt werden müssen, welches laut der geltenden Verfassung (Basic Law, Art. 47) die grundlegende legislative Instanz ist. Das Parlament tagt jedoch seit 2006 aufgrund des politischen Schisma zwischen HAMAS und Fatah nicht.[9] Die HAMAS etablierte sich seitdem faktisch als Regierung des Gaza-Streifens, während in Ramallah eine der Fatah nahestehende Regierung unter Mahmud Abbas die Geschäfte für die West-Bank führt und dabei grundsätzlich beansprucht, Gesamtpalästina zu vertreten.[10] Verfassungsrechtlich

---

8 *Abu-Odeh, L.*, Crimes of Honour and the Construction of Gender in Arab Societies. In: May, Y. (Hrsg.), Feminism and Islam, Berkshire 1996, S. 141–194: Abu-Odeh beschreibt die soziale Erwartung an Frauen, eine Jungfrau bis zur Hochzeitsnacht zu sein – unabhängig vom biologischen Vorhandensein des Hymen: ibid., S. 149–150. Von Jungfrauen wurde und wird im Kontext traditioneller Familienvorstellungen große Zurückhaltung im Verhalten gegenüber dem anderen Geschlecht erwartet.

9 *Baumgarten, H.*, Kampf um Palästina – was wollen Hamas und Fatah, Freiburg 2013, S. 168–190. Zu den verfassungsrechtlichen Aspekten s. *Khalil, A.*, Constitution-Making and State-Building. Redefining the Palestinian Nation. In: Grote, R. und Röder, T. (Hrsg.), Constitutionalism in Islamic Countries. Between Upheaval and Continuity, Oxford 2012, S. 583–596; *Ders.*, Beyond the Written Constitution: Constitutional Crisis of, and the Institutional Deadlock in the Palestinian Political System as Entrenched in the Basic Law. In: I-con 11 (2013), S. 34–73.

10 Präsident Abbas hat mehrfach versucht, eine Einheitsregierung zwischen HAMAS und Fatah zu etablieren, jedoch erfolglos, vgl. bspw. die Einigung zwischen beiden Seiten im Juni 2014: http://www.spiegel.de/politik/ausland/einheitsregierung-in-palaestina-abbas-vereidigt-expertenkabinett-a-972909.html (abgerufen am 03. Ja-

möglich wäre weiterhin ein Präsidialerlass (Art. 43 des Basic Law) gewesen. Ein solcher wird in Palästina nach Möglichkeit vermieden, um die legislative Kompetenz des Parlaments nicht in Frage zu stellen, die Rückkehr zu einer funktionierenden Legislative offen zu halten, die politische Lage nicht noch weiter zu verkomplizieren und die Spannungen zwischen HAMAS und Fatah nicht noch mehr anzuheizen.[11] Der *ta'mīm* hat mithin keine verfassungsrechtliche Basis.[12]

Es geht im Folgenden nicht darum, die Frage der prekären Staatlichkeit Palästinas vor dem Hintergrund der schwierigen politischen Situation zu untersuchen. Vielmehr sollen Iterationen vorgestellt und Prozesse der „Gesetzgebung" in den Blick genommen werden. Die Hypothese lautet, dass die genannte politische Situation, in der das Parlament nicht tagt und der Präsident mit Erlassen sehr zurückhalten ist, ein legislatives Vakuum produziert, das unterschiedlichen Akteur_innen die Möglichkeit eröffnet, sich Kompetenzen anzueignen, die ihnen verfassungsrechtlich strenggenommen nicht zustehen, in der Praxis aber Anerkennung und Anwendung finden, also auf eine Quasi-Gesetzgebung hinauslaufen.

Es ist angesichts der nun schon seit sechs Jahrzehnten bestehenden Unsicherheit über den Status oder Nicht-Status eines palästinensischen Staates nicht überraschend, dass sich Prozesse wie die genannten Iterationen um neue Gesetzgebungsverfahren sozusagen in Vorbereitung auf einen zu schaffenden unabhängigen und mit einer funktionierenden Legislative versehenen Staat Palästina abspielen. So liegt beispielsweise ein Gesetzesentwurf zum Strafrecht vor, der

---

nuar 2016), die jedoch nach dem darauf folgenden Krieg Israels gegen Gaza im Sommer des Jahres 2015 zerbrach: http://www.zeit.de/politik/ausland/2015-06/ramallah-palaestina-regierung-ruecktritt-rami-hamdallah (abgerufen am 03. Januar 2016).

11 Zu den grundlegenden Gesetzgebungsorganen und Rechtsnormen siehe die Webseite des Dīwān al-Iftā' s.: http://www.dft.gov.ps/index.php?option=com_content&task=view&id=11 (abgerufen am 13. Januar 2016). Zum Dīwān des Qāḍī al-Quḍāt s.: http://www.darifta.org/aboutdar/intro.php . Demnach wurde der Dīwān auf der Grundlage eines präsidialen Erlasses geschaffen.

12 Nach der Verfassung (Basic Law) von 2003, Art. 101, No 1 „…matters governed by Sharia law and governed by personal status law, shall come under the jurisdiction of Sharia and religious courts", s.: http://muqtafi.birzeit.edu/en/Legislation/GetLegFT.aspx?LegPath=2003&MID=14138&lnk=2 (abgerufen am 14. Dezember 2014). Dies bedeutet jedoch nicht, dass dieselben Recht anwenden können, das nicht auf dem verfassungsgemäß vorgeschriebenen Weg implementiert wurde.

mit Hilfe der DCAF[13] ausgearbeitet wurde.[14] Die familienrechtliche Situation gestaltet sich komplex. In der West-Bank gilt das JPSR aus dem Jahr 1976, in Gaza das ägyptische Familienrecht.[15] Seit mehreren Jahrzehnten gibt es Tendenzen, diese beiden Gesetze zugunsten eines einheitlichen palästinensischen Familienrechts außer Kraft zu setzen.[16] Ein Entwurf eines solchen Gesetzes wurde am 20. November 2013 von einem „Komitee zur Überarbeitung des Personalstatus" (*laǧnat iʿdād qānūn al-aḥwāl aš-šaḫṣīya*) in Ramallah auf Einladung des Rechtsberaters des Präsidenten Mahmud Abbas, Ḥasan al-ʿŪrī, unter Einbeziehung der zentralen Akteur_innen der Gesellschaft, v. a. zivilgesellschaftlicher Organisationen, Vertreter des Justiz- und Frauenministeriums in Ramallah und des Scharia-Establishments diskutiert. Weitere Treffen fanden offenbar seither (Stand Februar 2016) nicht statt, sind jedoch geplant.[17]

Dieser von der palästinensischen Regierung in Ramallah initiierte Prozess ist ebenfalls eine Iteration, und zwar auf politisch höchster Ebene: In der Ausarbeitung des Personalstatuts sollten nach Maßgabe des Präsidenten integrativ möglichst alle wichtigen gesellschaftlichen Gruppen eingebunden werden.

Iterative Prozesse spielen sich in Palästina mithin auf verschiedenen Ebenen und in verschiedenen Kontexten ab: Auf der Ebene der Regierung wird eine national-palästinensische Gesetzgebung vorangetrieben, die sich um Einbindung der relevanten gesellschaftlichen Gruppen bemüht, auf gesellschaftlicher Ebene wird von den genannten Akteur_innen die Diskussion vor allem in den Medien, den Universitäten und anderen öffentlichen Orten geführt, während auf der Ebene der Gerichte eine Regelung, die aus einem iterativen gesellschaftlichen Prozess ohne verfassungsrechtliche Basis resultierte, zur Anwendung kommt. Diese Situation bildet die komplexe, häufig auch als „rechtsplural" beschriebene

---

13 DCAF: Democratic Control of Armed Forces, Zentrum in der Schweiz: http://www.dcaf.ch/ (abgerufen am 03. Januar 2016).

14 Der Entwurf eines palästinensischen Strafgesetzbuches wurde mir im Justizministerium gezeigt, er datierte von 2011, s.a.: http://www.dcaf.ch/content/download/94172/1450842/file/Policy_Brief_Penal_EN_Final.pdf (abgerufen am 3. Januar 2016).

15 S.o. Anm. 2.

16 *Welchman, L.*, Family, Gender, and Law in Jordan and Palestine. In: K. Cuno und M. Desai (Hrsg.), Family, Gender, and Law in a Globalizing Middle East and South Asia, New York 2009, S. 126–144, hierzu S. 130–132 und 137.

17 So Ḥasan al-ʿŪrī in einem Interview im Oktober 2014. Das genannte Treffen war das zweite für die Diskussion eines Familienrechtsentwurfes. Ich konnte dabei anwesend sein und die teilweise sehr heftige Diskussion um den ersten Artikel, die Verlobung betreffend, verfolgen.

Rechtslage der palästinensischen Gesellschaft ab.[18] Dieselbe wird durch enorme Spannungen innerhalb der palästinensischen Gesellschaft verkompliziert. Auf der einen Seite stehen die zivilgesellschaftlichen Organisationen für Menschenrechte und die Gleichstellung der Frau, allen voran das Women's Centre for Legal Aid and Councelling (WCLC), eine wichtige Organisation auf diesem Gebiet mit internationalem Renommee und zahlreichen Publikationen auf Englisch und Arabisch, gesponsert von ausländischen, meist europäischen Hilfsgeldern. Auf der anderen Seite steht das „Scharia-Establishment" als eine durchaus nicht monolithische Gruppe von Scharia-Gelehrten (Richter_innen, Anwält_innen, Jurist_innen, Professoren). Die zivilgesellschaftlichen Organisationen orientieren sich in ihren Forderungen am internationalen Recht, hier vor allem an der Convention for the Elimination of All Forms of Discrimination against Women, (CEDAW), modifizieren dies aber und passen es der palästinensischen Gesellschaft an. Beispielsweise fordern sie gleiche Rechte für die Geschlechter, sind aber bereit, die Institution der Polygynie vorerst nicht anzutasten, da die Diskussion um deren Abschaffung ein gesellschaftliches Tabuthema darstellt und eine Abschaffung mithin nicht durchsetzbar wäre.[19]

Die zivilgesellschaftlichen Organisationen werden aus diesem Grund und weil sie ihre Finanzierung aus Europa bzw. der westlichen Welt erhalten, beschuldigt, nicht-islamische Werte zu vertreten bzw. keinen Bezug zu den palästinensischen Problemen zu haben.[20] Sie haben in der genannten Zeit von 2012 bis 2014 offensichtlich an Einfluss in der palästinensischen Gesellschaft eingebüßt. Das lässt sich unschwer daran erkennen, dass der Gesetzesentwurf der Zivilgesellschaft, der ursprünglich Grundlage der Diskussion im oben genannten „Komitee zur Überarbeitung des Personalstatuts" sein sollte, verworfen und durch denjenigen des Scharia-Establishments, erarbeitet im Dīwān, ersetzt wurde. Es versteht sich von

---

18 *Khalil, A.*, Formal and informal justice in Palestine: dealing with the legacy of tribal law. In: Études rurales 184 (2009), S. 169–184.

19 *Al-Botmeh, R.*, A Review...; zu den Publikationen der bekannten Organisation WCLAC (http://www.wclac.org/), s. http://www.wclac.org/english/einside.php?id=28 (abgerufen am 4. Januar 2016); in einem Interview mit mir am 30. November 2013 bestätigte die Direktorin von WCLAC, Mahā Abū Daiya (gest. 09. Januar 2015), dass im Moment das Ziel nur sein könne, Polygynie einzuschränken.

20 *Gerster, K.*, Palestinian Non-Governmental Organizations, Ramallah 2011. S.a. *Gerster, K. und Baumgarten, H.*, Palestinian NGOs and their cultural, economic and political impact in Palestinian Society. In: Rosa Luxemburg Foundation in Palestine, Dezember 2011, s. 05.docxhttp://www.rosalux.de/fileadmin/ab_palestine/pdf/RLF_newsletters_EN/RLF_PAL_Gerster_PNGOs.pdf (abgerufen am 4. Januar 2016).

selbst, dass letzterer islamisch-traditionelle Geschlechterbilder beinhaltete, die wenig an der rechtlichen Gleichstellung der Geschlechter orientiert sind. Offenbar gab es eine sehr kontroverse Debatte bei einer früheren Sitzung des Komitees,[21] in der die Grundwerte des internationalen Rechts, der Menschenrechte und des – damit zu vereinbaren oder eben als nicht vereinbar angesehenen – islamischen Rechts verhandelt wurden. Zweifellos fällt dem Scharia-Establishment und seinen institutionellen Garanten wie auch ihrem höchsten Repräsentanten, dem Qāḍī al-Quḍāt der West-Bank, eine wichtige Rolle in diesem rechtlichen bzw. verfassungsrechtlichen Vakuum zu. Aus diesem Grund wurde für diesen Artikel ein Aspekt der Iterationen um die Neuregelung des *ḫul*ʿ herausgegriffen, und zwar die diesbezügliche Vorlesung des Oberrichters, Yūsuf Idʿīs, im Wintersemester 2013/14 an der Birzeit Universität, die er unter dem Titel „Personalstatut" hielt.

Die Analyse seiner Vorlesung liefert die Antwort auf zwei Fragen: Welche rechtlichen Implikationen hat diese konkrete Neuregelung der Loskaufscheidung vor dem ersten ehelichen Geschlechtsverkehr? Und: Welches Verständnis von Geschlechterrollen und dem Verhältnis der Geschlechter zueinander steht dahinter?

Im Unterricht modulierte der Oberrichter seine Position zu Recht und Geschlecht eindringlich, seine Version der Entstehung der Neuregelung (arab. *taʿmīm*) gegenüber den Student_innen ist, wie noch zu zeigen sein wird und wie vielleicht auch nicht anders zu erwarten, stark auf sein Agieren fokussiert; der Oberrichter inszenierte seine Rolle in diesem Zusammenhang in – wie unten zu beschreiben – eindrucksvoller Weise. Universitätsunterricht, vor allem im Nahen Osten, ist bisher praktisch unerforscht. Eine der wenigen vorliegenden Untersuchungen[22] beschränkt sich auf die Analyse von Lehrmaterial ohne beobachtende Teilnahme am Unterricht. Im vorliegenden Fall wurde deshalb der methodische Zugang der teilnehmenden Beobachtung gewählt.[23] Die in-situ-

---

21 So in einem Interview am 24. November 2013 Nihāya Muḥammad, Vizepräsidentin der Ittihād an-Nisāʾ. Nihāya Muḥammad war mir eine außerordentlich kenntnisreiche, freundliche und aufgeschlossene Gesprächspartnerin, der ich dafür sehr danke. Sie verstarb am 30.6.2015, s.: http://alhourriah.org/article/31094 (abgerufen am 13. Januar 2015).

22 *Cardinal, M.*, Islamic Legal Theory Curriculum: Are the Classics Taught Today? In: Islamic Law and Society 12 (2005), S. 224–272.

23 Zur Methode der teilnehmenden Beobachtung allgemein: *Hauser-Schäublin, B.*, Teilnehmende Beobachtung. In: B. Beer (Hrsg.), Methoden und Techniken der Feldforschung, Berlin 2003, S. 33–54. Ich habe eine von der in der Ethnologie allgemein üblichen Methode abweichende Form der teilnehmenden Beobachtung verfolgt, da ich zwar die Erlaubnis des Oberrichters hatte, im Unterricht zu sitzen, zuzuhören und

Methode von Proske-Meseth erlaubte es dabei, nicht nur zu analysieren, was im Unterricht vermittelt wurde, sondern auch wie es vermittelt wurde.[24] Dafür wurde die Vorlesung inhaltlich paraphrasiert und an bestimmten Stellen die Aussagen des Oberrichters und/oder der Studierenden direkt wiedergegeben. Ein solches Vorgehen erlaubt es nach Proske/Meseth, die „Dynamik der Kommunikation" in bestimmten Situationen nachzuvollziehen, ihre Intensivierung einzufangen und vor dem Hintergrund der asymmetrischen Position von Dozent und Studierenden zu beobachten, wie Aussagen verstanden und verhandelt wurden, welche argumentativen Strategien Dozent und Studierende verfolgten und was dies für den Inhalt des Unterrichts – die Geschlechterrollen in neuen rechtlichen Normen – bedeutete.[25] In diesem Unterricht wurden zukünftige Jurist_innen, Richter_innen und Rechtsanwält_innen ausgebildet und mit der (Re)konstruktion und Neufassung klassisch-islamrechtlicher Termini und Konzepte in der Version des Qāḍī al-Quḍāt konfrontiert. Die Methode, anhand einer speziellen Vorlesungsstunde die Haltung des Oberrichters zu dem von ihm initiierten „Gesetzgebungs"prozess[26] teilweise bis hin in die sprachlichen Feinheiten zu analysieren, erbringt deshalb, wie zu zeigen sein wird, aufschlussreiche Ergebnisse für die Frage, wie in den rechtlichen Iterationen Geschlechterrollen und Zuschreibungen von Männlichkeit und Weiblichkeit im Rahmen einer rechtlichen Neuregelung konstruiert und (neu) verhandelt wurden.[27]

Der Qāḍī al-Quḍāt war zu diesem Zeitpunkt zum einen Vorsitzender des genannten Dīwān (arab. *Dīwān Qāḍī al-Quḍāt, Maǧlis al-Aʿlā li-l-Qaḍāʾ aš-šarʿī*),[28] mithin ein Repräsentant der staatlichen Jurisdiktion, zugleich Oberrichter am

den Unterricht auch aufzuzeichnen, mich aber ansonsten mehr zurückgehalten habe, als dies in ethnologischen Forschungen normalerweise der Fall ist.

24 *Proske, M. u. Meseth, W.*, Nationalsozialismus und Holocaust als Themen des Geschichtsunterrichts. In: H. Günther-Arndt, und M. Sauer (Hrsg.), Geschichtsdidaktik empirisch. Berlin 2006, S. 127–154.

25 *Proske, M. u. Meseth, W.*, Nationalsozialismus…, S. 129, 133.

26 Ein Gesetz war es nicht, arabisch wird es „Verordnung" (*taʿmīm*) genannt und Gesetzeskraft kann diese Verordnung nicht erhalten.

27 Die Quellen für die Rekonstruktion des der Regelung vorausgehenden und auch folgenden gesellschaftlichen Diskurses in der geplanten Monographie „Gender and Law in Palestine" sind u. a.: Gesetzestexte und Gesetzesentwürfe, Medienberichte, Workshops und Unterlagen von zivilgesellschaftlichen Organisationen, sowie Interviews mit Richter_innen und weiteren Expert_innen.

28 Zum Dīwān s. http://kudah.pna.ps/ (abgerufen am 04. Januar 2016), zu Yūsuf Idʿīs, seit 2014 Minister für fromme Stiftungen, s. http://pal-wakf.ps/ar/content/3666.html (abgerufen am 04. Januar 2016).

Scharia-Gericht in Ramallah und Lehrbeauftragter an der BZU. Er stellte sich des Weiteren in seinem Unterricht in bestimmten Situationen in bewusster Abgrenzung von staatlichen Institutionen als islamischer *faqīh* und *muǧtahid* dar.

II. Entstehung der Neuregelung: die Vorlesung des Qāḍī al-Quḍāt

In seiner Vorlesung am 31. Oktober, 2013, 8.00 bis 9.00 Uhr morgens, gab der Richter folgende Narrative der Entstehung der Neuregelung:

Er begann zunächst mit Koran (2:187):

> Es ist euch erlaubt, zur Fastenzeit bei Nacht mit euren Frauen Umgang zu pflegen. Sie sind für euch, und ihr für sie (wie) eine Bekleidung.[29]

Danach erläuterte er die eigentliche Wortbedeutung: *ḫul*ʿ bedeute, dass sich die Frau vom Mann mit einem Geldbetrag loskaufe [فالخلع هو أن تفتدى ألمرأة نفسها من زوجها بجزء من المال]. Es folgte ein kurzer Verweis auf Artikel 102 des JPSR.

Dann fuhr er fort:[30]

> Qāḍī:
> *"Wir haben ein prinzipielles Problem in Palästina, Mädchen (yā ṣabāya)! Viele junge Männer betrügen junge Frauen durch ihr Auftreten und Erscheinen (bi-š-šakl au bi-l-maẓhar). Er {nun Sg.} scheint gut situiert zu sein und die Mittel für eine Heirat zu haben. Schnell macht man einen Vertrag auf der Grundlage des Korans. Aber dann wird das Gegenteil offenbar und es wird offenbar, dass er nicht der Ehemann ist, den man sich wünscht oder der passend wäre. Streit fängt an, dass er ihr die Scheidung geben möge. Er verlangt vielleicht 20.000 oder 30.000 {Jordanische Dinare, JD} und provoziert sie mit Drohungen wie: „Ich werde dich verlassen", „Ich lasse dich hängen, bis du weißhaarig bist (tašībī)" oder „Ich heirate mehrere Frauen (atazauwaǧu, d. h. ich nehme eine zweite Frau)"… Das Schicksal vieler junger Frauen hängt an solchen Aussprüchen und sie werden sehr verletzt durch diese Täuschung … Ich habe bei Gericht bei meiner Feldforschung viele solche Fälle gesehen …"*

Der Qāḍī al-Quḍāt führte dann drei Beispiele junger Frauen aus seiner Gerichtspraxis an, denen solches widerfahren war. Sie waren bedroht worden, entweder zu bezahlen oder keine Scheidung zu bekommen. Dies alles werde zu einem Rachefeldzug der Männer.

---

29 Koranverse werden zitiert nach *Paret, R.*, Der Koran, 2. Aufl. Stuttgart etc. 1980. Diese Metaphorik der gegenseitigen Bekleidung, die abgelegt werden kann (arab. *ḫul*ʿ) spielte in der gesellschaftlichen Debatte eine große Rolle als religiöse Legitimation.

30 Direkte Rede wird kursiv wiedergegeben. In derselben werden folgende Klammern benutzt: (): Wort auf Arabisch/Deutsch; [] ausführlichere Übersetzung; {} Kommentar; …: Auslassung.

Qāḍī:
„Politik bedeutet, das Gemeinwohl zu beachten und die Regulierung der Gesellschaft. Ich befand mich in der Verantwortung, eine rechtliche (arab. qānūnī wa-šarʿī) Heilung für dieses Problem zu finden.“

Die Idee der *ḫulʿ*-Scheidung sei, so führte er aus, zunächst nicht vom Gesetzgeber akzeptiert worden, weil Palästina eine „patriarchale Gesellschaft“ sei (arab. *muǧtamaʿ ḏukūrīya*) und der Ehemann nicht bereit gewesen sei, als „geschieden“ (arab. *maḫlūʿ*) durch die Frau bezeichnet zu werden. Er habe deshalb angefangen nachzudenken und nachzuforschen, habe mit den Leuten, den Gelehrten (*mašāyiḫ wa-ʿulamāʾ ad-dīn*) und Juristen gesprochen. Er habe etwas Neues in Palästina schaffen wollen. Das Thema sei heftig diskutiert worden, es sei zu einem grundlegenden Thema (arab. *mauḍūʿ asāsī*) geworden. Er habe verschiedene Gesetze konsultiert, auch Art. 183 des JPSR, demzufolge gegebenenfalls hanafitisches Recht herangezogen werden könne, das aber in diesem Fall keine Lösung gebracht habe.[31] Denn die Hanafiten sagten nichts über *ḫulʿ*. Hätte er die schafiitische oder malikitische Rechtsschule herangezogen, so wäre dies gegen das Gesetz, gemeint ist JPSR, gewesen. Er habe sich deshalb an die Rechtsmaxime *„lā ḍarar wa-lā ḍirār“* arab. „Füge weder Unrecht zu noch bezahle Unrecht mit anderem Unrecht“ gehalten.[32] Er habe dann alle Scharia-Richter um sich gesammelt und mit ihnen diskutiert. Sie hätten ihm zugestimmt, dass es *ḫulʿ* in der islamischen Scharia auf der Basis der gegenseitigen Zustimmung gebe. Er argumentierte dann, dass es aber auch richterliche *ḫulʿ* gebe.[33]

Er zitierte Koranvers 2:229, demzufolge die Entlassung der Frauen zwei Mal erlaubt sei:

---

31 Laut diesem Artikel ist es möglich, sollte ein Bereich nicht im JPSR geregelt sein, sich auf die vorherrschende Meinung der hanafitischen Schule zu beziehen, s. http://muqtafi.birzeit.edu/en/Legislation/GetLegFT.aspx?LegPath=1976&MID=15058&lnk=2 (abgerufen am 05. Januar 2016).

32 S.: http://www.islamicity.com/IslamicGlossary/action.lasso.asp?-database=Services&-Table=IslamicGlossary&-noresultserror=searchglossary.asp&-Response=searchglossary.asp&-MaxRecords=10&-SortField=Term&-SortOrder=Ascending&-Token=L&-op=bw&term=L&-Search (abgerufen am 03. Januar 2016).

33 Der Richter unterschied hier – wie im allgemeinen Diskurs üblich – zwischen dem konsensualen *ḫulʿ* (arab. *ḫulʿ riḍāʾī)* und richterlichem *ḫulʿ* (*ḫulʿ qaḍāʾī*). Diese Unterscheidung findet sich auch im Text des *taʿmīm* 59/2012: Richterlicher *ḫulʿ* wird als das Thema des *taʿmīm* genannt und als *ḫulʿ* vor dem ersten ehelichen Geschlechtsverkehr (arab. *duḫla*) bzw. vor dem ersten Alleinsein (*ḫalwa),* das die Möglichkeit des Geschlechtsverkehrs nicht ausschließt, definiert.

> ... Wenn aber zu befürchten ist, daß die beiden (im Fall der Aufrechterhaltung der Ehegemeinschaft) die Gebote Allahs nicht einhalten werden, ist es für sie keine Sünde, wenn die Frau sich mit einem gewissen Betrag loskauft.

Er nannte den *ḥadīṯ* bezüglich der Ehefrau von Ṯābit b. Qais bei Buḫārī, die sich gegen die Rückgabe des Gartens von ihrem Mann mit Zustimmung des Propheten trennte.[34] Die Scharia-Richter hätten dem zugestimmt, es habe eine große Pressekonferenz gegeben, bei der die Neuordnung bekannt gegeben worden sei und alles sei dem Berufungsgericht vorgelegt worden.

> Qāḍī:
> *„Es wurde zum Gesetz [ṣāra qānūnan].*[35]*"*

Er erklärte, dass diese Regelung nun zu den Gerichten geschickt worden sei. Innerhalb eines Monats habe es bereits 52 Anträge auf die *ḫul'*-Scheidung gegeben, „die meisten davon" vor dem ersten ehelichen Geschlechtsverkehr. Eben weil die Regelung eine Gruppe von Personen betroffen habe, der Unrecht geschehe. Dann kam er auf eine Frage, die eine Studentin früher gestellt hatte zurück: Warum sollte die Regelung nur vor dem ersten ehelichen Geschlechtsverkehr gelten? Dies sei leichter, das Paar habe dann noch keine Kinder.

> Qāḍī
> *„Warum habe ich ḫul' nicht für Frauen nach dem ersten ehelichen Geschlechtsverkehr angewendet? Wir wollen keine Familien zerstören! Die Frau wird ḫul' möglicherweise für weniger wichtige und triviale Gründe benutzen. Sie kann beispielsweise sagen: Ich möchte ein neues Kleid ... und wenn der Mann es ihr nicht kauft, gibt sie ihm ḫul' [qad taqūmu bi-l-ḫul']."*

Er benannte die finanziellen Nachteile, die Frauen durch *ḫul'* erlitten, denn sie verlören eine hohe Summe, im Allgemeinen die Brautgabe, die sie bei anderen gerichtlichen Scheidungsarten behielten. Deshalb sollte eine verheiratete Frau nach dem ersten ehelichen Geschlechtsverkehr Scheidung wegen „ehelichem Streits und Zerwürfnisses" (arab. *tafrīq li-n-nizā' wa-š-šiqāq*) (nach Art. 132 des JPSR) beantragen. So behielte sie ihre Brautgabe. Da in diesem Fall die Beweislast bei der Frau läge, habe man gleichzeitig das Verfahren in dieser Scheidungsart für Frauen vereinfacht.

---

34 http://www.sahih-bukhari.com/Pages/Bukhari_7_63.php (abgerufen am 10. April 2014).

35 Interessanterweise legte der Qāḍī al-Quḍāt den Studierenden den eigentlichen *ta'mīm* nicht vor, er sprach auch nie von „*ta'mīm*" und hier, an dieser Stelle, nannte er die Neuregelung regelrecht „Gesetz", obwohl – wie oben ausgeführt – die Regelung ja nicht auf dem vorgeschriebenen legislativen Weg zustande gekommen war.

An dieser Stelle schilderte er – amüsant und lebhaft mit durchaus schauspielerischer Begabung, denn er ist ein guter Erzähler – seine Diskussion mit „den Frauen“ bzw., wie sich im Lauf der Narrative herausstellte, mit nur „einer Frau“:

Qāḍī
„Es gibt viele Frauen, die ḫulʿ wollen. Ich fragte sie: was ist besser für dich {Wechsel in den Singular}: möchtest du verstoßen werden und deine Rechte haben {gemeint ist die Brautgabe} oder geschieden werden und zahlen? Sie brauchte eine Stunde um zu erklären und entschied: ḫulʿ. {Ich fragte sie} Warum? Sie sagte: Ich möchte ihm ḫulʿ geben.“

An dieser Stelle lachten die Studierenden.

Der Oberrichter fuhr fort und erklärte, die Suche nach einer Lösung für ein konkretes Problem sei zu diesem Zeitpunkt zu einem Politikum, sogar zu einer politischen Krise (arab. *azma siyāsīya*) geworden. Es habe einen Fall gegeben, in dem der Mann behauptet habe, seiner Frau den *ṭalāq* gegeben zu haben, während seine Frau darauf bestanden habe, ihm *ḫul*ʿ gegeben zu haben. Die Sache sei in ausländischen Medien, u. a. in einer deutschen Zeitung aufgegriffen worden.[36]

Zu dem Zeitpunkt dieser richterlichen Ausführungen wurde es im Vorlesungsraum immer lauter. Die Studierenden unterhielten sich untereinander, der Lärmpegel stieg erheblich. Der Oberrichter musste sich durch recht lautes Sprechen mit erhobener Stimme Gehör verschaffen, was ihm nicht durchweg gelang. Er rief daraufhin eine Studentin mit ihrem Namen an und bat sie, leise zu sein. Der Lärm ebbte jedoch nicht ab.

In dieser Situation fragte – wie üblich, ohne sich zu melden – eine Studentin:

„Professor, gibt es gerichtlichen ḫulʿ nach dem ersten ehelichen Geschlechtsverkehr?“

Der Qāḍī al-Quḍāt antwortete, sichtlich enerviert, da er diesen Punkt ja bereits geklärt hatte:

„Nicht nach dem Geschlechtsverkehr, ich habe das erklärt. Es wurde zur politischen Angelegenheit in Palästina und Libanon[37]... deshalb haben wir es auf die Fälle vorher beschränkt.“

Die Medien hätten Öl ins Feuer gegossen. Er selbst sei gefragt worden, ob er es billigen könne, dass ein Mann „*maḫlū*ʿ“, d. h. geschieden in der Passivform des Partizips, genannt würde. Die Männer in Palästina seien nicht bereit gewesen,

36 Maḥkama šarʿiya filasṭīnīya tuqirru bi-“ḫulʿ”. In: AlMadina, 1. Mai (2013), S. 43. See: http://almadina.de/pdf/2013-05.pdf (abgerufen am 05. Januar 2016).

37 Der besagte in der deutschen auf Arabisch erscheinenden Zeitschrift AlMadina (s. Anm. 36) geschilderte Fall betraf die Scheidung einer palästinensischen Frau von ihrem libanesischen Mann, Samīr Qunṭār. Zu ihm s.: https://de.wikipedia.org/wiki/Samir_Kuntar (abgerufen am 05. Januar 2016).

„geschieden" durch *ḫul*ʿ genannt zu werden. Dies sei als „Angriff auf unsere Ehre" (arab. *imsās bi-karāmatinā*) interpretiert worden. Er habe daraufhin gefragt: „Ein Angriff auf unsere Ehre?" und versucht, dieses Argument zu widerlegen, indem er darlegte *ḫul*ʿ sei ein „schönes und gutes Wort" (arab. *kalima ǧamīla wa-ṭaiyiba*). Man habe dann aber zum Ausdruck des „Loskaufens" (*iftadat bihi*: womit sie sich loskauft) gegriffen, der in Koran 2:229 vorkomme, und habe es den Männern so erleichtert, diese Lösung zu akzeptieren.

Der Islam habe nun einmal dem Mann das Recht auf einseitige Verstoßung gegeben (arab. *ṭalāq*) und ihn dabei genötigt, zu zahlen. Deshalb habe die islamische Scharia der Frau das Recht auf *ḫul*ʿ gegeben, mit der Verpflichtung, zu bezahlen.

> *Qāḍī:*
> *„Das kann man Gleichberechtigung zwischen Mann und Frau nennen (arab. musāwāt)."*

Der Lärm ebbte ab, die Stunde endete ruhiger, indem der Richter auf weitere rechtliche Details der *ḫul*ʿ-Scheidung im Allgemeinen einging. Er erläuterte die Diskussion darum, ob *ḫul*ʿ *fasḫ*, also Auflösung des Vertrags, oder *ṭalāq*, also Verstoßung, ist, welche Bedingungen bei der Anwendung dieser Scheidungsart vorliegen müssen, wie etwa die Volljährigkeit bei beiden Partnern (arab. *bulūġ*) und eine gültige Eheschließung, und auf der Grundlage welcher Geldbeträge oder anderer Werte der Loskauf stattfinden könne.

III. Zusammenfassung und Schlussfolgerung

Kann der Unterricht des Oberrichters als Teil der von Benhabib definierten Iterationen gewertet werden? Diese Frage ist zu bejahen. Universitäten zählen zur öffentlichen Sphäre.[38] Benhabib selbst bedient sich als Beispiel für eine Iteration der „Kopftuchfrage" in Frankreich im Jahr 1989. Damals waren zwei Schülerinnen wegen ihres Kopftuches der Schule verwiesen worden.[39] Universitäre und außeruniversitäre politische Diskurse fließen ineinander und finden in der gesamten Öffentlichkeit Aufmerksamkeit. Darüber werden an der Universität Personen ausgebildet, die zur späteren Elite des Landes zählen und als Richter_innen, Rechtsanwält_innen und Beamt_innen in den Ministerien und Verwaltungen arbeiten werden. Insgesamt gelten Universitäten, und dies gilt besonders für die

---

38 *Ambrozas, D.*, The University as Public Sphere. In: Canadian Journal of Communication, 23 (1998), No. 1, s.: http://cjc-online.ca/index.php/journal/article/view/1024/930 (abgerufen am 05. Januar 2016).

39 *Benhabib,* Rights…, S. 186 f.

palästinensischen Universitäten, als privilegierte Orte für wissenschaftliche und politische Debatten und Aktivitäten.[40]

Zwei Fragen sollten anhand der Analyse der Vorlesung beantwortet werden. Dabei geht es um die inhaltliche Analyse mit Blick auf Rechtsfortbildung und ihre inhärente Geschlechterstellung, zugleich aber ist auf einer formalen Ebene der Unterrichtsablauf in Betracht zu beziehen. Es geht also nicht nur darum, was im Unterricht durch den Oberrichter rechtlich und mit Blick auf die Geschlechterrollen vermittelt wurde, sondern auch wie es vermittelt wurde. Der Oberrichter hielt eine Vorlesung zum Thema „Personalstatut", die per se als Vortrag konzipiert war und keine Mitgestaltung der Studierenden vorsah. Studentische Beiträge zum Beispiel in Form von Referaten waren nicht vorgesehen. Dennoch ließ er gerne Fragen zu und hatte häufig sichtbar Freude daran, Erklärungen zu geben und Details zu erörtern. Eine inhaltliche Diskussion jedoch ergab sich nicht, sicher auch, weil die Studierenden nicht wirklich kritisch nachfragten bzw. eine inhaltliche Debatte einforderten. Die Form der Beteiligung der Studierenden war nicht reglementiert und es war beispielsweise nicht üblich, sich zu melden. Die Studierenden riefen ihre Fragen lauthals mitten in den Vortrag des Oberrichters hinein, der dann entweder antwortete oder, wenn er mitten im Satz war, seine Stimme erhob und weitersprach und zu gegebener Zeit dem Studierenden bedeutete, seine Frage zu wiederholen. Eine Intensivierung der Kommunikation in der vorliegenden Vorlesung ließ sich beispielsweise an der Stelle erkennen, an der die Studentin noch einmal – obwohl dies der Oberrichter bereits geklärt hatte – nachhakte, ob denn *ḫulʿ* nicht doch auch nach dem ersten Geschlechtsverkehr möglich sei. Es war nur eine Frage, aber sie rief eine lange, aufschlussreiche und unten eingehender zu analysierende Antwort hervor. Eine inhaltliche Diskussion mit den Studierenden ergab sich daraus allerdings nicht. Statt kritisch nachzufragen oder ihre Meinung einzubringen, redeten die Studierenden untereinander in zunehmender Lautstärke und störten damit den Unterricht erheblich. Vermutlich gaben sie damit zu verstehen, dass sie seiner Narrative nicht vertrauten, sie hinterfragen wollten. Dies jedoch artikulierten sie nicht gegenüber dem Qāḍī al-Quḍāt, der damit die Macht der Darstellung unhinterfragt in seiner Hand behielt.

Möglicherweise hatte das laute Reden untereinander mit den Vorstellungen von Geschlechterrollen, die der Oberrichter in der Vorlesung entwickelte, zu tun, die den – überwiegend weiblichen – Studierenden nicht mehr als zeitgemäß erschienen, jedoch kann dies aufgrund der fehlenden kritischen Diskussion sei-

40 *Ambrozas*, The University…

tens der Studierenden nur vermutet werden. Im Folgenden sollen dieselben im Zusammenhang mit der rechtlichen Neuregelung untersucht werden.

Welche Geschlechterrollen und -konzepte liegen der Neuregelung des *ḫulʿ* zugrunde?

Zwar erwähnte Yūsuf Idʿīs kurz am Anfang der Vorlesungsstunde die Schwierigkeit für palästinensische Männer, grammatikalisch und rechtlich in der passivischen Form verhandelt zu werden. Daraufhin jedoch entwickelte er seine Narrative als Retter und Beschützer junger Frauen, eben der *muʿallaqāt,* denen Unrecht geschehen war und denen er habe helfen müssen. Er inszenierte sich geschickt in einer *personal-success-story* als Retter dieser Frauen in einer gesellschaftlichen Notlage und etablierte mithin den Schutzstatus des Gerichts.

Erst zu einem späteren Zeitpunkt, auf die explizite Nachfrage einer Studentin hin, erklärte er die auf den ersten Blick überraschende Regelung der Einführung von *ḫulʿ* VOR dem ersten Geschlechtsverkehr damit, dass Frauen NACH dem ersten Geschlechtsverkehr das Recht missbrauchten und zu befürchten stünde, sie sprächen die Scheidung des Mannes für Nichtigkeiten aus. Der damit verbundene Subtext klassifiziert Frauen als emotional instabil, unbeherrscht und – in dem von ihm angeführten Beispiel – durch Konsumgüter verführbar. Warum dies nur für Frauen nach dem ersten ehelichen Geschlechtsverkehr gelten soll, erklärte er nicht, wohl aber stellte er ein weitergehendes Recht der Frauen als Gefährdung des gesellschaftlichen Friedens fest und verbindet dies implizit mit dem islamischen Diskurs um „*fitna*", ohne diesen Ausdruck zu benutzen. Durch die ihnen inhärente Erotik und Sexualität werden Frauen in diesem Diskurs als eine Gefahr für den gesellschaftlichen Frieden, eben als *fitna,* gesehen und müssen deshalb strikte Regeln der Segregation und des Verhaltens beachten.[41]

Seine zweite Begründung lautete, Frauen müssten ihre finanziellen Rechte besser wahren, denn bei *ḫulʿ* müssten sie bezahlen. Deshalb sei Frauen nach dem ersten ehelichen Geschlechtsverkehr die Scheidungsart wegen ehelichen Streits zu empfehlen. Frauen sind also, so der Subtext, unfähig, ihre eigenen finanziellen Vorteile zu erkennen und wahrzunehmen, die ihnen deshalb der „Gesetzgeber" in der Person des Oberrichters vorgeben muss. Damit wird die gegenderte Dichotomie der – rationalen – Männer, die für emotionale Frauen Entscheidungen treffen und Sorge tragen müssen, bedient, und das Recht des Mannes auf die führende Rolle in der Familie als schützendes Familienoberhaupt gestärkt. Am Anfang derselben

41 Vgl. *Schneider, I.*, Women in the Islamic World, Princeton 2014, S. 95–107.

Vorlesungsstunde, vor Beginn, hatte der Qāḍī al-Quḍāt den Studierenden Klausuren zurückgegeben und mit ihnen – offenbar aufgrund einer Klausurfrage – die Rollen der Geschlechter in der Familie besprochen. Demnach stehe dem Mann die „allgemeine Führung" (arab. *riʾāsat ʿāmma*) zu, der Frau die „spezielle Führung" (arab. *riʾāsat ḫāṣṣa*). Der Mann arbeite für die Familie, beschütze sie und bewahre das Haus, die Frau habe sich mit der Erziehung der Kinder zu beschäftigen. Er verwies auf den Koranvers 4:34. Klassische, hierarchische Geschlechterbilder wurden hier mithin bemüht, in denen die soziale, politische und rechtliche Rolle des Mannes als die umfassendere und übergeordnete festgeschrieben ist.

Die Zusammenfassung seines Gesprächs mit „einer Frau" zeigt, dass er sich sehr wohl des Motivs bewusst ist, das manche Frauen mit dem Recht auf *ḫulʿ*-Scheidung anstrebten: Sie möchten die Scheidung in der Hand haben, initiativ werden und mithin dem Mann, der jederzeit den *ṭalāq* aussprechen kann, ebenbürtig sein. Genau dieses Ansinnen zieht er in seiner Zusammenfassung eines Gesprächs mit „vielen Frauen" – das sich dann als ein Gespräch mit einer Frau entpuppte – ins Lächerliche, und zwar nicht nur durch die Widergabe des Inhalts des Gespräches, sondern auch durch seine Form des Erzählens in Verbindung mit einer entsprechenden Gestik und Mimik. Diese drückte aus, dass er sehr wohl verstand, was diese Frau intendierte, es ihr aber nicht zuzubilligen gewillt war. Er hielt ihr im Lauf des Berichts ihre vermeintliche Irrationalität im ökonomischen Bereich vor und stellte sie vor die Alternative, ob sie ihr Geld sichern oder verlieren möchte? Die Implikation dieser rhetorischen Frage ist deutlich: Sie als rational denkender Mensch müsste sich dagegen entscheiden, Geld zu verlieren. Die wirtschaftliche Seite der Ehe wird gegen die rechtliche Seite der Geschlechtergleichheit aufgerechnet. Indem er durch seine Darstellung darauf abzielte, die Studierenden zu unterhalten, einen Witz zu machen, ihr langes Nachdenken schilderte, das Langsamkeit im Denken unterstellte, und es schließlich in dem schlichten Satz münden ließ, sie wolle ihm die *ḫulʿ* geben, ließ er sie als rechthaberisch und im Geschlechterkampf machtbesessen erscheinen, wo sie doch kühl und rational analysierend auf ihren finanziellen Vorteil bedacht hätte sein müssen. Ihr Ansinnen, so wie ein Mann das Scheidungsrecht auch in ihrer Hand zu haben, wird von den Studierenden mit Lachen quittiert.

Was aber steht dahinter? Dies wird in der dritten Stufe seines Berichts deutlich, in der er auf die Nachfrage einer Studentin reagierte. Die Studentin, die es eigentlich nun wissen müsste – aber vielleicht aus Unwissen, vielleicht provokativ noch einmal fragte – brachte einen nun deutlich enervierten Oberrichter dazu, seine Narrative nicht unerheblich zu korrigieren: Eigentlicher Grund sei gewesen, dass die Sache „politisch" geworden war. Nota bene: Grund für die beschränkte Einführung der neuen Scheidung, dies musste der Qāḍī al-Quḍāt nun einräumen, war weder und schon gar nicht ausschließlich der den Frauen unterstellte Missbrauch eines Rechtsanspruchs, weil sie nach dem ersten Geschlechtsverkehr emotional reagierten und ihnen dies nicht zugestanden werden könne, noch die Unfähigkeit von Frauen, ihre finanziellen Rechte zu erkennen und zu wahren. Grund waren die gesellschaftlich-politischen Iterationen, die eine andere Lösung in Form einer *ḫulʿ*- Scheidung auch nach dem ersten ehelichen Geschlechtsverkehr unmöglich machten.[42]

Diesen Diskurs, dies musste der Oberrichter an dieser Stelle einräumen, dominierten die palästinensischen Männer mit ihrer Weigerung, sich als „geschieden“ (*maḫlūʿ*, im Passiv) bezeichnen zu lassen.[43] Die bereits oben erwähnte gegenderte Zuschreibung emotional-rational zu den Geschlechtern wird um die aktiv(Mann)-passiv(Frau)-Zuschreibung erweitert, die zunächst an den Geschlechtsakt gebunden ist, hier aber auf rechtliche Implikationen abhebt. Die arabischen Bezeichnungen *dāḫil* in Sinne von „penetrierend“ und *madḫūl bihā* in Sinne von „penetriert“ findet sich als Rechtsterminologie in Ehescheidungsurkunden Palästinas regelmäßig, um den Status der vollzogenen Ehe – aus dem sich im Fall der Scheidung gegebenenfalls unterschiedliche Rechtsfolgen herleiten – zu bezeichnen. Sie ist ebenso relevant für die Bezeichnung der Geschlechterhierarchie bei der Scheidung im öffentlichen Diskurs. Das begründeten diese Männer mit der „Ehre“ (arab. *karāma*), einer gesellschaftlichen aber offenbar nicht religiös legitimierten Vorstellung, von der sich der Qāḍī al-Quḍāt nicht wirklich distanzierte. Seine Taktik bestand darin, auf den Koran zu verweisen und zu versichern, er habe in dieser Diskussion immer darauf hingewiesen, *ḫulʿ* sei ein „schönes Wort“.

Biologistische Geschlechterargumente wie das der angeblich höheren Emotionalität von Frauen werden religiös-theologisch durch Koran 4:34 legitimiert, das

---

42 In der Sendung „Lāzim Naḥkī“ des Palästinensischen Fernsehens vom 30. April 2013, moderiert von Ǧumān Qunais, Medienwissenschaftlerin der BZU, wurde die neue Verordnung besprochen und mit Expert_innen diskutiert. Ṣumūd aḍ-Ḍamīrī, Scharia-Richterin, sagte dort, diese voreheliche Form des *ḫulʿ* sei eine der Optionen gewesen, man habe sich dafür als „einen ersten Schritt“ entschlossen. Sie dekonstruierte die Narrative des Oberrichters, s. https://www.youtube.com/watch?v=EXvQuK8TDU0 (abgerufen am 13.01.2016).

43 Dass palästinensische oder „mittelöstliche“ Männer nicht bereit seien, eine Bezeichnung im Passiv hinzunehmen, jedenfalls nicht im Zusammenhang mit Scheidungsregelungen, wurde in der oben genannten Sendung von „Lāzim Naḥkī“ mehrfach betont, unter anderem von der Scharia-Anwältin Ikram al-Qaisī und der Anwältin Fāṭima ʿĀšūr aus Gaza, die dies nachdrücklich mehrfach wiederholte.

gesellschaftliche Argument der „Ehre" wird dabei nicht entkräftet. In allen Bereichen bleibt die Geschlechterhierarchie trotz einer Umdeutung des *ḫulʿ*-Begriffes gewahrt bzw. wird neu reifiziert. Die Schlussfolgerung des Qāḍī al-Quḍāt, dass diese Lösung Gleichberechtigung sei, hält einer Prüfung im Vergleich mit den Standards in den internationalen Rechtspakten nicht stand. Der palästinensische Präsident Mahmud Abbas hat CEDAW unterschrieben. Insofern hat internationales Recht und haben die Regelungen von CEDAW theoretisch in Betracht gezogen zu werden bei der innerpalästinensischen Gesetzgebung. Der arabische Terminus, den der Oberrichter wählte (arab. *musāwāt*) wird in der arabischen Übersetzung der Frauenrechtskonvention benutzt, um die Gleichheit beider Geschlechter vor dem Recht beispielsweise in Art. 2 zu bezeichnen. „Gleichberechtigung" (engl. equality) wird wie folgt definiert:

> *Article 2*
> *States Parties condemn discrimination against women in all its forms, agree to pursue by all appropriate means and without delay a policy of eliminating discrimination against women and, to this end, undertake:*
> *(a) To embody the principle of the equality (arab. musāwāt) of men and women in their national constitutions or other appropriate legislation if not yet incorporated therein and to ensure, through law and other appropriate means, the practical realization of this principle;*[44]

Während nach JPSR (Artikel 83–101) Männer immer noch das Recht auf einseitige Verstoßung haben (arab. *ṭalāq*), diese nur innerhalb von fünfzehn Tagen registrieren müssen (Art. 101), ist die Situation für scheidungswillige Frauen ungleich schwieriger. Sie müssen die Trennung (arab. *tafrīq*) immer gerichtlich beantragen und müssen bestimmte Gründe dafür angeben, wie beispielsweise unheilbare Krankheiten (Art. 115), Geisteskrankheit (Art. 120), Unfähigkeit der Zahlung des Lebensunterhalts (Art. 127) oder Abwesenheit des Ehemannes (Art. 128), u.a. durch Haft nicht unter drei Jahren (Art. 130). Die Entscheidung liegt immer in der Hand des Richters. Besonders kompliziert ist dies für die Scheidung wegen ehelichen Streits (Art. 132), da hier ursprünglich die Frau die Beweise erbringen musste. Dieses Verfahren wurde im selben *taʿmīm* vereinfacht. Die Frau stellt nun den Antrag und der Richter entscheidet. Rechtsungleichheit besteht aber weiterhin in zahlreichen anderen Bereichen, beispielsweise im Bereich des oben erwähnten Tabuthemas der Polygynie, dem selbstverständlich kein Recht der Frauen auf Polyandrie entspricht.

44 Convention on the Elimination of All Forms of Discrimination against Women, s.: http://www.un.org/womenwatch/daw/cedaw/ (abgerufen am 4. September 2015).

Da mithin keinesfalls Frauen Männern gleichgestellt sind bzw. in derselben Weise sich von ihrem Mann trennen können wie Männer sich von ihrer Ehefrau, ist der Terminus, den der Richter benutzt, nicht mit dem in der Frauenrechtskonvention benutzten Terminus äquivalent. Diese terminologische Frage der „Gleichberechtigung" leitet über zur rechtlichen Implikation der Neuregelung bzw. ist schon Teil derselben.

Welche rechtliche Bedeutung hat diese konkrete Neuregelung der Loskaufscheidung?

Bei der Beantwortung dieser Frage sind drei Ebenen zu unterscheiden: die familienrechtliche, die gerichtliche und die gesetzgeberische Ebene: Auf der Ebene der Gerichte wird die Neuregelung seit 2012 angewendet. Hier steht eine Untersuchung aus, die zeigen könnte, inwieweit die Situation der Frauen dem vom Qāḍī al-Quḍāt entworfenen gesellschaftlichen Szenario entspricht und durch die Neuregelung das Problem der *„muʿallaqāt"*-Frauen gelöst werden konnte.[45] Auf der nationalen Ebene der Gesetzgebung der West-Bank entstand eine Regelung, deren Zustandekommen verfassungsrechtlich nicht gedeckt ist.

Besonders aufschlussreich ist es, sich auf der Mikroebene des Familienrechts die mit den Iterationen einhergehenden Entwicklungen, Umdeutungen und Rekonstruktionen von rechtlichen Normen und deren Einfluss auf die Konstruktion von Geschlechterrollen anzusehen. Denn hier wird, wie oben bereits ausgeführt, eine neue Variante der Scheidung geschaffen, die, unter Beibehaltung des „alten" Terminus (*ḫul*ʿ) neu interpretiert, zum *ḫul*ʿ *qaḍāʾī*, zum gerichtlichen *ḫul*ʿ wird, und die durch die Beschränkung auf die Zeit vor dem ersten ehelichen Geschlechtsverkehr (arab. *qabla ad-duḫūl*) bzw. auch nur der Möglichkeit dazu (arab. *ḫalwa*) ein Spezifikum darstellt. Allerdings handelt es sich um ein regionales, nicht ein palästinensisches Spezifikum.[46]

Jedoch stellt die „Scheidung auf Palästinensisch" gegenüber der klassischen Variante des *ḫul*ʿ und der ägyptischen Variante eine eigene Form der Neuinterpretation dar, und zwar im von Benhabib beschriebenen Sinn einer Iteration als

---

45 In der Sendung „Lāzim Naḥkī", s. Anm. 42, wurde ein junges Mädchen am Gericht in Ramallah befragt, wie sie diese Regelung empfinde. Sie hatte gerade eine solche Scheidung hinter sich und sprach sich dafür aus.

46 In Jordanien wurde 2001 zwar ein *ḫul*ʿ-Gesetz eingeführt, das die Scheidung vor und nach dem ersten ehelichen Geschlechtsverkehr auch gegen den Willen des Mannes erlaubte (Art. 126), dieses wurde jedoch 2010 geändert und nun in *„iftidāʾ"* umbenannt (Art. 114: *qabla duḫūl*): *Engelcke, D.*: Process of Family Law Reform: Legal and Societal Change and Continuity in Morocco and Jordan, Oxford im Druck, S. 241–248.

Neu- bzw. Umdeutung, als eine Transformierung bestehender Rechtsverhältnisse, -normen und -konzepte. Dabei bemühte sich der Oberrichter, Maßstäbe und Begründungen zu entwickeln, die als „autoritativ" gelten konnten.

Es lassen sich verschiedene die Geschlechterstellung gravierend beeinflussende Rechtsfortbildungen erkennen, die unter dem Vorwand initiiert wurden, Frauen als den Opfern eines bestimmten gesellschaftlichen Umstands zu helfen:

a) eine Reinterpretation des klassischen *ḫulʿ*, abweichend von der ägyptischen Variante;
b) damit einhergehend ein Verschwimmen der Grenze zwischen Verlöbnis und Eheschließung, wie unten auszuführen sein wird;
c) eine Umdeutung der Geschlechterrollen bei gleichzeitiger Beibehaltung bzw. Reifizierung der Hierarchie der Geschlechter und Erweiterung der gerichtlichen Kontrolle über den Körper der Frau;
d) eine „Ökonomisierung" des Ehekonzepts: neben den Grundsatz, dass, wer Scheidung wolle, bezahlen müsse, tritt nun die Formulierung der Regel, dass *ḫulʿ* für die Frau das sei, was der *ṭalāq* für den Mann sei, ja, diese Regelung „Gleichstellung" bedeute;
e) eine Reform der Scheidungsart wegen ehelichen Zwists, um Frauen nach dem ersten Geschlechtsverkehr die Scheidung mit dieser Scheidungsform zu erleichtern.

Alle Rechtsschulen sind sich einig, dass der Anspruch auf die Brautgabe mit der Eheschließung und nicht erst mit dem Vollzug der Ehe entsteht. Aber Eheschließung, Vollzug und Brautgabe werden grundsätzlich als eine Einheit angesehen. Zwar gehöre, so argumentiert Yassari, der eheliche Beischlaf nicht zu den Wirksamkeitsvoraussetzungen, doch ist die Ehe die einzige Institution, die eine Geschlechtsgemeinschaft begründet. Die Ehe verändert den Status der Verlobten und legitimiert den Geschlechtsverkehr.[47] Laut JPSR, Art. 14,[48] wird die Ehe lediglich durch Angebot und Annahme konstituiert. Weder hier noch in den folgenden Artikeln werden der vollzogene Geschlechtsverkehr, also *duḫūl,* oder auch *ḫalwā*, also die Möglichkeit, sich ungestört zurückzuziehen und mithin Geschlechtsverkehr zu haben, als eine konstituierende Bedingung für die Ehe erwähnt. Eine unvollkommene Ehe (arab. *fāsid*) ohne Geschlechtsverkehr stellt

47 *Yassari, N.*, Die Brautgabe im Familienvermögensrecht, Tübingen 2014, S. 39, 51 f.

48 Englische Übersetzung wie arabisches Original im Muqtafi einsehbar: http://muqtafi.birzeit.edu/en/Legislation/GetLegFT.aspx?LegPath=1976&MID=15058&lnk=2, arabisch: http://muqtafi.birzeit.edu/Legislation/GetLegFT.aspx?lnk=2&LegPath=1976&MID=15058 (beide abgerufen am 06. Januar 2016).

nach Art. 42 explizit keinen eigenen Status dar. Dies gilt nach Schacht auch für das klassische Recht:[49]

Die Regelungen im JPSR lauten wie folgt:

- Erfolgt die Scheidung (arab. *ṭalāq*) vor einer „richtigen *ḫalwa*", ist die Hälfte der Brautgabe fällig (Art. 48).
- Erfolgt die Scheidung (arab. *iftirāq*) vor der „richtigen *ḫalwa*" auf Betreiben der Frau wegen eines Mangels (*ʿaib*) oder Krankheit (*ʿilla*) (des Mannes) oder fordert der Vormund eine Scheidung (*tafrīq*) wegen Nicht-Gleichheit im Status (*ʿadam kafāʾa*), entfällt die Brautgabe ganz (Art. 49).
- Wird der Vertrag vor *ḫalwa* und *duḫūl* aufgehoben (*fusiḫa*), erhält der Ehemann den gesamten Betrag der Brautgabe zurück (Art. 50).
- Die Hälfte der Brautgabe bei einer Trennung – egal ob durch *ṭalāq* oder andere Scheidungsarten – ist dann fällig, wenn die Trennung vom Mann ausgeht (Art. 51).

Es ist evident, dass der Vollzug des Geschlechtsverkehrs (arab. *duḫūl*) und/oder die Möglichkeit dazu im „ungestörten Alleinsein" (arab. *ḫalwa)* rechtliche, vor allem finanzielle Konsequenzen haben. Dies zeigen die Rechtsfolgen einer Eheauflösung vor ihrem Vollzug. Je nach Konstellation entfällt, so führt Yassari aus, die Brautgabe ganz oder teilweise. Wichtig ist weiterhin das der Frau zustehende Verweigerungsrecht. Danach hat die Frau das Recht, den Geschlechtsverkehr zu verweigern, solange ihr die fällige Brautgabe nicht bezahlt wurde. Wie Yassari ausführt, ist dies auch zum Schutz der Frau gedacht: Zum einen berühre das Verweigerungsrecht nicht den Unterhaltsanspruch der Frau, auf der anderen Seite könne der Mann kein Forderungsrecht aus der Verweigerung ableiten, also nicht die Leistung der Brautgabe mit der Begründung verweigern, die Ehefrau sei ihren ehelichen Pflichten nicht nachgekommen. Auch könne die Ehefrau nicht zur Rückgabe der Brautgabe gezwungen werden, wenn sie sich nach der Leistung desselben immer noch weigere, ihre ehelichen Pflichten zu erfüllen. Eine solche Weigerung führe dann allerdings zum Verlust ihres Unterhaltsanspruchs. Das Verweigerungsrecht wirke damit einseitig als Recht der Frau. Es erlösche, wenn die Ehe vollzogen werde.[50]

---

49 „The contract is the only legally relevant act in concluding marriage; privacy (*khalwa*) between husband and wife, and consummation (*dukhūl*) are facts which may have legal effects when the marriage is dissolved, but are not essential for its conclusion": *Schacht, J.*: An Introduction to Islamic Law, Oxford 1968, S. 161.

50 *Yassari, N.*, Die Brautgabe…, S. 39–41, hier besonders S. 40–41.

Wie das Verweigerungsrecht der Frau beim ersten Geschlechtsverkehr erlischt, so erlischt im vorliegenden Zusammenhang das Recht der Frau auf die *ḫulʿ*-Scheidung gegen den Willen des Mannes. Es geht dabei nicht oder nicht in erster Linie um die Frage, ob die Brautgabe Entgelt für den ehelichen Geschlechtsverkehr ist oder nicht und der Ehevertrag als „Kaufvertrag" zu interpretieren sei. Diese schlichte Übertragung, die Eheschließung sei ein Kauf, vereinfacht, so Yassari, den Sachverhalt unzulässig. Yassari kann aufzeigen, dass der Ehevertrag weder einen Schenkungs- noch einen Kauf- oder Nutzungsvertrag darstellt. Sie kritisiert explizit Auffassungen, denen zufolge die Brautgabe als Kauf/Mietpreis für die Nutzung des weiblichen Genitals zu sehen sei.[51]

Andererseits wird in der Literatur die Meinung vertreten, dass erst mit dem ehelichen Beischlaf die Eheschließung vollständig sei. Der Zusammenhang zwischen Vertrag, Vertragsunterschrift, Brautgabe und Ehekonstituierung ist komplex. Argumentiert man mit Yassari, dass die Minderung der Brautgabe bei Verstoßung vor Vollzug nicht zwingend dem Konzept der Brautgabe als „Preis für den ehelichen Verkehr" geschuldet, sondern durch den noch nicht vollständig abgeschlossenen Prozess des „Verheiratetseins", durch den die Brautgabe begründet wird, verursacht sei, so bleibt man die Definition dessen schuldig, was genau unter „Verheiratetsein" verstanden wird. Im vorliegenden Zusammenhang jedenfalls hat das Stattfinden oder das Nicht-Stattfinden des Geschlechtsverkehrs Rechtsfolgen, die in diesem Fall die Scheidung betreffen und über rein finanzielle Folgen hinausgehen. Damit aber verschwimmt die Grenze zwischen Verlöbnis und Heirat insofern, als der Vertrag nicht allein als konstituierend betrachtet wird, sondern der vollzogene Geschlechtsverkehr hinzutreten muss. Ist dies nicht der Fall, fand also kein Geschlechtsverkehr statt,[52] ist die Frau eine *„muʿallaqa"* und wird damit offenbar nicht als voll rechtlich verheiratet betrachtet. Dass dies in der Praxis so sein mag, ist das eine. Die Neuregelung aber hebt diesen rechtlichen Zustand auf eine juristische und normrechtliche Ebene. Der Vertrag verliert rechtlich – wenn man den *taʿmīm* als rechtswirksam ansieht, was er faktisch ist, da er in den Gerichten angewandt wird – die ihm im JPSR zugestandene Funktion der Konstituierung einer Ehe.

---

51 *Yassari, N.*, Die Brautgabe…, S. 48–49; 52–53.

52 *Yassari, N.*, Die Brautgabe…, S. 39, Anm. 145: hier führt Yassari aus, dass die Hanafiten und Hanbaliten dem tatsächlichen Vollzug der Ehe und die an Sicherheit grenzende Wahrscheinlichkeit, dass er stattgefunden hat – mit einer *ḫalwa* – gleichsetzen. Hier kommt es übrigens weder darauf an, ob tatsächlich Geschlechtsverkehr stattgefunden hat, noch, was die betroffenen Parteien diesbezüglich erklären!

Im bisherigen JPSR sind die Konsequenzen vor allem finanzieller Art und treten im Zusammenhang mit der Scheidung und im weiteren Umfeld mit der Schuldfrage auf. Relevant ist das Prinzip: Wer schuld ist bzw. die Scheidung will, muss zahlen. Das gilt im modernen – im Gegensatz zum klassischen – Recht auch in anderen Bereichen. Der Qāḍī al-Quḍāt wurde nicht müde, in seiner Vorlesung zu betonen, dass Scheidung insgesamt nicht erwünscht sei. Gehe sie eindeutig vom Mann aus, der selbstverständlich das Recht auf *ṭalāq* in seiner Hand hat und haben solle, und treffe sie eine Frau unverschuldet, so handele es sich um einen *ṭalāq taʿassufī*, einen willkürlichen *ṭalāq*, der Ausgleichszahlungen für die Frau nach der Scheidung (arab.: *taʿwīḍ)* nach sich zieht. Dies sei bereits in verschiedenen muslimischen Personalstatuten so geregelt und solle, so der Oberrichter, auch in Palästina so geregelt werden. Nun fügt der Dīwān aber eine andere Rechtsfolge hinzu: das Recht auf Scheidung GEGEN den Willen des Mannes. Schuld spielt keine Rolle in diesem Kontext, sondern der Vollzug oder Nichtvollzug der Ehe. Dieses Recht hat darüber hinaus zwar AUCH einen finanziellen Aspekt, insofern als die Frau bezahlen, das Recht auf die Brautgabe aufgeben bzw. eine andere Summe aufbringen muss, sie erweitert aber den Entscheidungsspielraum bzw. Scheidungsspielraum der Frau erheblich. Allerdings ist dieses Recht immer an ein gerichtliches Verfahren gebunden.

Man könnte argumentieren, das oben genannte Argument aufgreifend, dass der nicht erfolgte Geschlechtsverkehr diesen Spielraum in dieser Variante der *ḫulʿ* ermöglicht: Weil kein Geschlechtsverkehr stattfand, hat sich kein „normales" eheliches Paarverhältnis oder „Verheiratetsein" eingestellt. Dieses Argument geht aber doch davon aus, dass der Mann gegen eine Bezahlung (Brautgabe, Lebensunterhalt) Anspruch auf den Geschlechtsverkehr hat. Geschlechtsverkehr ist mit Bezahlung verbunden, auch wenn es sich beim muslimischen Ehevertrag nicht um einen „Kaufvertrag" im reinen Sinne handelt. Das vom Qāḍī al-Quḍāt bemühte Argument, es gäbe ja keine Kinder, ist hingegen logisch sinnlos, denn es ist ja nicht sicher, dass ein erster Geschlechtsverkehr bereits zur Zeugung eines Kindes führt. Jedoch rückt damit der Geschlechtsakt ins Zentrum der Debatten und der Öffentlichkeit. Vollzug und Nichtvollzug einer Ehe müssen vor Gericht debattiert, eventuell sogar bewiesen, auf jeden Fall im Formular von der Frau angegeben werden. Aus Geschlechterforschungsperspektive hat dies eine zunehmende Kontrolle des Gerichts über den weiblichen Körper, die Jungfräulichkeit bzw. Sexualität von Frauen zur Folge. Der männliche Körper wird nicht verhandelt, auch wenn er im „ersten Geschlechtsverkehr" selbstverständlich implizit eingeschlossen ist, und zwar als der aktive Part.

All diese Implikationen finden sich in der Narrative des Qāḍī al-Quḍāt – und der Medien insgesamt – als Konsequenz einer sozialen Notlage. Junge Mädchen, bei deren Eheschließung es sich meist um eine Erstehe handeln dürfte, die mithin nach gesellschaftlicher Sicht als Jungfrauen zu gelten haben, befinden sich in einer Notsituation: Sie haben einen Ehevertrag unterschrieben, der sie bindet, doch die jungen Männer verlassen sie bzw. vollziehen die Ehe nicht mit ihnen, so dass sie gesellschaftlich als verheiratet gelten und nicht auf Bräutigamschau gehen können. Ob dies tatsächlich die Grundlage der Neuregelung ist, bleibt dahingestellt und muss durch wissenschaftliche Forschung weiter untersucht werden. Es könnte einfach die Erklärungs- bzw. Rechtsfertigungsfolie sein, vor der die gesellschaftliche Diskussion (in den Worten des Oberrichters: die Sache wurde „politisch") keine Befugniserweiterung der Frau zur Initiierung der Scheidung im großen Stil erlaubte. Die skurrile Argumentation, dass Frauen nach dem Geschlechtsverkehr ein Recht missbrauchten, das sie vor dem Geschlechtsverkehr aus angeblich gesellschaftlichen Notwendigkeiten zu ihrem Schutz zugestanden bekommen müssten, zeigt, dass dies nicht das zugrunde liegende Argument sein kann. Zahlen muss die Frau ohnehin, jedoch ist dies, wie gesehen, inhärent im islamischen Recht: Wer die Scheidung initiiert, muss bezahlen.

Es wird hier ein neues Geschlechterverhältnis auf der Grundlage biologistischer, theologischer und sozial begründeter Argumente geschaffen, welches die Geschlechterhierarchie perpetuierend bzw. neu konstruierend explizit auf den Schutzstatus der Frau und eben gerade nicht ihre freie Verfügung über ihren Körper abhebt und die gerichtliche Kontrolle in diesem Bereich verstärkt.

Abschließend ist die Frage zu klären, ob der Qāḍī al-Quḍāt sich bewusst als Quasi-Gesetzgeber gerierte und inszenierte. Dieser Aspekt ist zentral und er wird von anderen Akteuren im Feld, insbesondere den Vertretern des Staates, kritisch gesehen. In einem Interview am 13. Oktober 2014 bestätigte Ḥasan al-ʿŪrī, Rechtsberater des Präsidenten in Gesetzgebungsverfahren, dass diese Regelung verfassungswidrig sei. Al-ʿŪrī kritisierte, dass der *iǧtihād* eines einzelnen Gelehrten dazu geführt habe, eine in den Gerichten angewendete Regelung hervorzubringen. Man müsse stattdessen das Gesetz ändern. Der Vorgang ist ein beredtes Belegstück für den palästinensischen Rechtspluralismus und die insgesamt die muslimischen Staaten kennzeichnende Interferenz von *qānūn* und *fiqh*, von kodifiziertem Recht und islamischem Recht. Er wird politisch delikat, weil der Oberrichter Ḥasan al-Ǧūǧū im von der HAMAS regierten Gaza seinen Kollegen in der West-Bank nicht unterstützt, sondern in dasselbe Horn stößt wie al-ʿŪrī, ein Beamter der Regierung in Ramallah. Er lastete den „Brüdern" auf der West-Bank *iǧtihād* an, dem er nicht folgen könne.[53]

Zurück zur Hypothese, dass durch das geschilderte rechtliche Vakuum verschiedene Akteure ermuntert werden, ihren Spielraum zu erweitern und mit Argumentationen, die hier auszugsweise vorgeführt wurden, Recht „gesetzt" haben. Wieso konnte der Dīwān Qāḍī al-Quḍāt legislative Kompetenz an sich reißen? Eine Umfrage des Institute of Woman's Studies der BZU 2013 ergab, dass eine steigende Anzahl von Menschen in der palästinensischen Bevölkerung (West-Bank und Gaza) gerade die Scharia-Gerichte als Agenten der rechtlichen Weiterentwicklung sehen bzw. sehen möchte (von 26 % im Jahr 2000 erhöhte sich dieser Prozentsatz auf 35 % im Jahr 2013 im Bereich des Familienrechts). Hammami und Johnson werten dies nicht als eine Entwicklung hin zum religiösen Konservativismus, sondern als eine praktische Entscheidung: Die Scharia-Gerichte existieren und funktionieren, das Parlament existiert und funktioniert nicht.[54]

53 In Lāzim Naḥkī, s. Anm. 42.

54 *Hammami, R., u. Johnson, P.*, Change and Conservation: Family Law Reform in Court Practice and Public Perceptions in the Occupied Palestinian Territory. Summary and Report of 2013 Family Law Survey Findings with Support from UNDP, Birzeit 2013, S. 4.

Mathias Rohe, Erlangen

Islamisches Familienrecht in Deutschland im Wandel

I. Einführung

Ob der Islam zu Deutschland gehört, wird seit der zustimmenden Aussage des früheren Bundespräsidenten Christian Wulff hitzig diskutiert.[1] Die Anwendung islamisch geprägten Rechts – eine Schreckensvision nicht nur der AfD – ist hingegen seit langem Alltag in deutschen Amtsstuben und Gerichtssälen. Der Grund hierfür liegt nicht in einem übergriffigen Geltungsanspruch solcher Normen, sondern im deutschen Recht selbst. Zwar genießt die Anwendung von Rechtsnormen anders als diejenige religiöser Normen (z. B. Vorschriften über Ritualgebete, Speise- und Kleidungsvorschriften) nicht den Schutz der Religionsfreiheit nach Art. 4 GG, auch wenn sie selbst eine religiöse Herleitung beanspruchen. Die Unterscheidung zwischen religiösen und rechtlichen Normen ist jedoch nach den Prinzipien der deutschen Rechtsordnung vorzunehmen.[2]

Dabei ist festzuhalten, dass auch religiös begründetes Recht die Funktionen einer Rechtsordnung erfüllt und deshalb auch in Deutschland als „Recht" zu qualifizieren ist, das in den üblichen Wegen durchsetzbar ist, etwa als von Kollisionsnormen berufenes Recht (hierzu sogleich im Folgenden). Die religiöse Grundierung ist insoweit unerheblich. Verfehlt war deshalb eine Entscheidung des Kammergerichts Berlin. Dieses hatte es abgelehnt, sich überhaupt mit einem Scheidungsverfahren nach dem anwendbaren iranischen Recht auf Antrag der Ehefrau zu befassen. Die wesentliche Begründung hierfür war, dass einerseits zwingend ein islamrechtlicher *Ṭalāq* (einseitige Verstoßungserklärung durch den Ehemann) erfolgen müsste, dass ein nicht-religiöses deutsches Gericht indes an einem solchen Verfahren nicht beteiligt werden könnte.[3] Zudem werde eine solche

1 Zur Debatte über den Islam in Deutschland vgl. *Rohe, M.*, Der Islam in Deutschland: Eine Bestandsaufnahme, München 2016, 259–287 mwN.

2 Ausführlicher *Rohe, M.*, Scharia und deutsches Recht, in: Rohe/Engin/Khorchide/Özsoy/Schmid (Hrsg.), Handbuch Christentum und Islam in Deutschland, Freiburg i.Br. 2014, 272, 274 ff.

3 Diese Auffassung wurde von einem iranischen muslimischen Antragsgegner in einem Scheidungsfall geteilt, der nur von einem muslimischen Gelehrten oder einer von ihm

Entscheidung eines deutschen Gerichts im Iran ohnehin nicht anerkannt und wäre daher nutzlos.[4]

In diesem Fall wurde der Charakter der einschlägigen islamisch geprägten Normen grundlegend missverstanden. Zwar mag der *Ṭalāq* durch Rechtsvorschriften des Koran mit einer religiösen Dimension geregelt sein, doch ist die Erklärung des *Ṭalāq* und seine Überprüfung ein weltlicher Rechtsakt und insofern jedem Gericht zugänglich.[5] Zu Recht hat denn auch der Bundesgerichtshof das Urteil aufgehoben.[6]

Wenngleich die Anwendung religiös geprägten Rechts nicht auf der Grundlage der Religionsfreiheit eingefordert werden kann, so sieht doch das deutsche Recht in mehreren Rechtsbereichen die Anwendung ausländischen Rechts bzw. die Anerkennung ausländischer Gerichtsentscheidungen vor oder ermöglicht dies zumindest. Nicht davon betroffen ist das Öffentliche Recht und insbesondere das Strafrecht, wo mit geringfügigen Ausnahmen fast ausschließlich das territorial geltende Sachrecht Anwendung findet. Hingegen lässt das Bürgerliche Recht Raum für ausländische Normen, wenn Menschen ihre vorwiegend privaten Lebensverhältnisse im Vertrauen auf die Anwendbarkeit dieser Normen gestalten, nicht zuletzt im Hinblick auf Familienbeziehungen. In den letzten 10–15 Jahren hat sich im Hinblick auf islamisch geprägte Rechtsnormen ein erheblicher Wandel vollzogen, der teils auf Veränderungen in der Struktur der muslimischen Bevölkerung, teils auf geänderte rechtliche Rahmenbedingungen zurückzuführen ist. Beides soll im Folgenden näher ausgeleuchtet werden. Dabei soll es nur beispielhaft um Einzelfragen gehen; wichtiger erscheint eine Vergegenwärtigung, in welchen Bereichen des Rechts die Balance zwischen Einheit und Vielfalt der Regelungsmöglichkeiten neu reflektiert bzw. präzisiert werden muss.

II. Anwendungsbereiche und -formen

Der klassische Anwendungsbereich für ausländische Normen ist das Internationale Privatrecht (IPR), welches grenzüberschreitende Sachverhalte regelt. Daneben gewinnt das dispositive deutsche Familienrecht an Bedeutung, sei es im

benannten Person geschieden werden wollte; das OLG wies dieses Ansinnen zurück (vgl. OLG Stuttgart FamRZ 2004, 25 ff.).

4 Vgl. KG IPRax 2000, 126 mit kritischer Anm. Herfarth, 101.

5 Vgl. auch OLG Stuttgart FamRZ 2004, 25 ff.

6 Vgl. BGH FamRZ 2004, 1952. Für Ontario vgl. nun auch OLG Hamm, 7 UF 123/05 v. 7.3.2006 (BeckRS 2007 00423) sowie die ähnliche Entscheidung des Ontario Court of Justice in Khan v. Khan (2005 ONCJ 155) [2005] O.J. No. 1923 sect. 31 ff.

Rahmen der rechtlich durchsetzbaren Gestaltung familienrechtlicher Beziehungen, sei es im Wege informeller Anwendung.

1. IPR

Islamisch geprägtes Familienrecht kann durch die Kollisionsnormen des IPR berufen werden, die sich in internationalen Übereinkommen, bilateralen Abkommen wie dem deutsch-iranischen Niederlassungsabkommen von 1929, sowie in Kollisionsnormen des EU-Rechts oder des innerstaatlichen deutschen Rechts finden. Relevant ist dann nicht „islamisches Recht", sondern das jeweils berufene staatliche Recht z. B. Tunesiens, Ägyptens, des Iran oder Pakistans. Die Familienrechtsordnungen dieser Staaten berufen sich allesamt auf islamrechtliche Normen. Deren Pluralität und Interpretationsvielfalt schlägt sich allerdings in erheblichen Abweichungen nieder: Während in einem islamisch geprägten Staat Ehen nur noch gerichtlich geschieden werden können und Polygamie strafbar ist (Tunesien), wird in anderen diskutiert, ob das einseitige Scheidungsrecht des Ehemannes (*Ṭalāq*) auch per SMS ausgeübt werden kann. Die Spannbreite der Reformen ist so groß, dass z. B. in Tunesien bis zur marokkanischen Familienrechtsreform von 2004 die Anwendung marokkanischer Familienrechtsnormen unter Berufung auf den tunesischen ordre public international abgelehnt wurde, obgleich sich beide Rechtsordnungen auf die Normen der islamischen Scharia berufen.[7]

Die Variantenvielfalt wird für die Anwendung solcher Normen in Deutschland vor allem dort bedeutsam, wo tiefgreifende inhaltliche Kollisionen mit grundlegenden deutschen Rechtsüberzeugungen auftreten. Dann greift der sogenannte ordre public international ein (vgl. nur Art. 6 EGBGB[8]). Er dient dazu, die Balance zwischen der grundsätzlichen Offenheit gegenüber anderen Rechtsordnungen und der Wahrung einheitlicher rechtlicher Grundlagen für die innerstaatliche Friedensordnung herzustellen: Fremde Rechtsordnungen werden grundsätzlich als gleichwertig anerkannt; dies der revolutionäre Schritt des weltweit geltenden IPR.[9] Jedoch wird das Anwendungsergebnis von Vorschriften ausländischer

---

7 Nachweise bei *Rohe, M.*, Das islamische Recht: Geschichte und Gegenwart, 3. Aufl. München 2011 (C.H. Beck), 170 f.

8 „Eine Rechtsnorm eines anderen Staates ist nicht anzuwenden, wenn ihre Anwendung zu einem Ergebnis führt, das mit wesentlichen Grundsätzen des deutschen Rechts offensichtlich unvereinbar ist. Sie ist insbesondere nicht anzuwenden, wenn die Anwendung mit den Grundrechten unvereinbar ist."

9 Vgl. zu den grundlegenden Interessen und Wertungen *Kegel, G. u. Schurig, K.*, Internationales Privatrecht, 9. Aufl. München 2004, insbes. 130 ff.

Rechtsordnungen dann zurückgewiesen, wenn es mit wesentlichen Grundsätzen des deutschen Rechts offensichtlich unvereinbar ist. Häufiger Gegenstand der Überprüfung waren patriarchalisch geprägte Vorschriften des islamischen Ehe- und Familienrechts, wie z. B. die Männer bevorzugende Vorschriften des Eheschließungsrechts, des Rechts der allgemeinen Ehewirkungen, des Vormundschafts- und Sorgerechts für Kinder und des Scheidungsrechts. Weitere Kollisionen können sich aus Vorschriften ergeben, welche Muslime gegenüber Nicht-Muslimen bevorzugen.[10]

Die Handhabung dieser in ihrer Struktur eigentlich eindeutigen Regelung ist in den letzten Jahren zunehmend ins Wanken geraten. Prüfungsmaßstab ist nicht die fremde Norm als solche und die Frage, ob sie in das deutsche Recht inkorporiert werden könnte, sondern nur das Ergebnis ihrer Anwendung im konkret zu entscheidenden Einzelfall. Der Unterschied zwischen den beiden Ansätzen lässt sich beispielsweise am Scheidungsrecht, insbesondere am einseitigen Verstoßungsrecht des Ehemannes (*Ṭalāq*) aufzeigen. In seiner Ausgestaltung widerspricht es den verfassungsrechtlichen Bestimmungen über Geschlechtergleichheit (Art. 3 GG) und Schutz von Ehe und Familie (Art. 6 GG). Ein in Deutschland ausgesprochener *Ṭalāq* ist unwirksam (vgl. Art. 17 Abs. 2 EGBGB):[11] Im Inland können Ehen nur gerichtlich geschieden werden. Dasselbe gilt für ausländische Scheidungen, soweit auf sie deutsches Recht anzuwenden ist, etwa in bestimmten Fällen gemeinsamer deutscher Staatsangehörigkeit oder gemeinsamen gewöhnlichen Aufenthalts in Deutschland (vgl. bis zum Inkrafttreten der Rom III-VO Artt. 17 Abs. 1, 14 Abs. 1 Nrn. 1, 2 EGBGB, § 1564 BGB; vgl. nunmehr Artt. 5, 8 Rom III-VO).[12]

Dennoch ist bislang ein *Ṭalāq*, der gemäß einer auf den Fall anwendbaren Rechtsordnung wirksam ist, unter bestimmten Umständen auch nach deutschem Recht anzuerkennen. In einer jüngeren Entscheidung zu einem iranischen Fall hat das Bundesverfassungsgericht ausgesprochen, dass die Nichtanerkennung einer nach fremdem Recht wirksamen Scheidung sogar gegen das verfassungsmäßig nach Art. 6 GG garantierte Recht auf Wiederheirat (nach Scheidung) verstoßen könne.[13] Auch konnten inländische Gerichte eine Scheidung nach Maßgabe islamisch geprägten Familienrechts vornehmen.

---

10 Ausführlicher zu alledem *Rohe, M.*, Das islamische Recht…, 353 ff. mwN.

11 Vgl. OLG Frankfurt am Main, die Präsidentin, StAZ 2001, 37 (zu einem vergleichbaren japanischen Fall).

12 Vgl. nur BGHZ 110, 267, 276 (thailändischer Fall); *von Staudinger, J., u. von Bar, C. u. Mankowski*, P., BGB, Art. 17 EGBGB n. 116 mwN.

13 BVerfG FamRZ 2007, 615; vgl. auch BGH NJW-RR 2007, 145, 148 f.

Im Einzelnen zeigen die einschlägigen Gerichtsentscheidungen keine völlig einheitliche Linie auf.[14] Insgesamt lässt sich ihnen aber entnehmen, dass der ausländische *Ṭalāq* bzw. die gerichtliche Anwendung entsprechender Normen akzeptiert wird, wenn im konkreten Fall auch die Voraussetzungen für eine Scheidung nach deutschem Sachrecht vorgelegen hätten.[15] Dies ist etwa dann der Fall, wenn die Eheleute länger als ein Jahr getrennt voneinander gelebt haben und die Ehefrau angemessen über den *Ṭalāq* informiert wurde und ihre Sicht einbringen konnte. Maßgeblich ist auch, ob die Anerkennung bzw. Durchführung eines *Ṭalāq* durch die Ehefrau selbst erstrebt wird.[16] Andererseits wird der *Ṭalāq* nicht anerkannt, wenn die Ehefrau darüber nicht informiert war und ihre Ansicht dazu nicht vortragen konnte.[17] Manche Gerichte erkennen allerdings einen solchen *Ṭalāq* auch dann nicht an, wenn die Voraussetzungen für eine Scheidung nach deutschem Sachrecht erfüllt wären.[18]

Nicht restlos geklärt ist auch, wie vor Gericht zu verfahren ist, wenn islamrechtlich geprägte Normen zum *Ṭalāq* anzuwenden sind.[19] Manche Gerichte lehnen

---

14 Vgl. BayObLG IPRax 1982, 104, 105; OLG München IPRax 1989, 238, 241; OLG Koblenz NJW-RR 1993, 70, 71; KG NJW-RR 1994, 199; OLG Hamm IPRax 1995, 174, 175 mit Anm. *Henrich*, 166; OLG Köln FamRZ 1996, 1147; OLG Duesseldorf FamRZ 1997, 882 (LS) = IPRspr. 1996 Nr. 6; OLG Stuttgart FamRZ 1997, 882, 883; OLG Düsseldorf FamRZ 1998, 1113, 1114; OLG Köln FamRZ 2000, 895; AG Frankfurt a. M. IPRax 1989, 237, 238; AG Esslingen IPRax 1993, 250, 251 mit Anm. Beitzke, 231; AG Hamburg FamRZ 2000, 958; *Waehler, K.*, Islamische talaq-Scheidungen vor deutschen Gerichten, in: Kronke, H., Reinhart, G. u. Witteborg, N. (Hrsg.), Islamisches und arabisches Recht als Problem der Rechtsanwendung. Peter Lang, Heidelberg 2001, 113 ff.

15 Vgl. OLG Köln, FamRZ 1996, 1147; BayObLG, NJW-RR 1998, 1538; OLG Düsseldorf, FamRZ 1998,1113; OLG Köln, FamRZ 2000, 895; OLG Zweibrücken, NJW-RR 2002, 581; OLG Hamm 7.3.2006, BeckRS 2007, 00423; AG Hamburg, FamRZ 2000, 958; AG Kulmbach, FamRZ 2004, 631; a.A. AG Frankfurt am Main, IPRax 1989, 237. In OLG Frankfurt am Main die Präsidentin, StAZ 2003, 137 wird die ordre-public-Problematik nicht angesprochen, vielleicht deshalb, weil die Ehefrau sich der Anerkennung der pakistanischen Privatscheidung in Deutschland nicht widersetzte. Vgl. auch OLG Hamm, 7 UF 123/05 v. 7.3.2006 (BeckRS 2007 00423).

16 Vgl. OLG Hamm Beschluss v. 07.05.13 (3 UF 267/12), BeckRS 2013, 09327; für die Scheidung auf Veranlassung der Ehefrau im Wege des *Ḫulʿ* („Selbstloskaufs"; hierzu *Rohe, M.*, Das islamische Recht…, 95 f., 22 ff.); im Einzelfall ebenso OLG Koblenz NJW 2013, 1377.

17 Vgl. BayObLG IPRax 1982, 104; OLG Stuttgart IPRax 2000, 427; einen sehr komplizierten, aber instruktiven iranischen Fall behandelt OLG Frankfurt am Main NJW 1990, 646.

18 Vgl. OLG Stuttgart IPRax 2000, 427; OLG Stuttgart FamRZ 2004, 25; a.A. OLG Koblenz NJW-RR 1993, 70.

19 Vgl. hierzu *Wähler, K.*, Islamische talaq-Scheidungen…, 113–125.

den Ausspruch des *Ṭalāq* als Voraussetzung für das folgende Scheidungsurteil ab, um die Anwendung von Normen zu vermeiden, nach denen die Ehefrau nur Objekt des Handelns ohne eigene Rechte ist.[20] Andere Gerichte ersetzen den *Ṭalāq* einfach durch die gerichtliche Entscheidung und betrachten den Ausspruch selbst als bloße Verfahrensregel, die nach den Vorschriften des Internationalen Zivilverfahrensrechts in Deutschland nicht angewandt werden muss, weil Gerichte grundsätzlich nur ihr eigenes Verfahrensrecht anwenden.[21]

Mit Inkrafttreten der Rom III-VO[22] stellt sich die Frage, ob Formen letztlich einseitiger Ehebeendigung wie der islamische *Ṭalāq* überhaupt noch anerkennungs- und durchsetzungsfähig sind[23], oder ob die Regelung des Art. 10 der VO dies grundsätzlich ausschließt.[24] Wegen des Vorrangs bestehender internationaler Abkommen nach Art. 19 Abs. 1 Rom III-VO bliebe dann allerdings immer noch das deutsch-iranische Niederlassungsübereinkommen von 1929 anwendbar, welches die bisherige Linie der Rechtsprechung trägt.

Das OLG München hat diese Frage mit Beschluss vom 02.06.2015 dem EuGH zur Vorabentscheidung vorgelegt.[25] Zu klären ist zunächst, ob die Rom III-VO auch sogenannte „Privatscheidungen" erfasst, im konkreten Fall vorgenommen durch einen Bevollmächtigten des Ehemannes vor dem syrischen Scharia-Gericht in Latakia. Die Ehegatten hatten im Jahre 1999 die Ehe vor dem Scharia-Gericht im syrischen Homs geschlossen, der Ehemann war zu dieser Zeit schon (auch) deutscher Staatsangehöriger, die Ehefrau erwarb die deutsche Staatsangehörigkeit nach der Eheschließung; der gewöhnliche Aufenthalt zur Zeit des Scheidungsantrags lag jedoch nicht in Deutschland. Meines Erachtens spricht viel dafür, die Linie der deutschen Rechtsprechung fortzusetzen, wonach die mindestens registrierende Mitwirkung einer staatlichen gerichtlichen oder behördlichen Instanz

20 Deutlich in diese Richtung AG Frankfurt am Main NJW 1989, 1434.

21 Vgl. OLG Düsseldorf FamRZ 1998, 1113.

22 Verordnung (EU) Nr. 1259/2010 des Rates vom 20.12.2010, ABlEG L 343/10 vom 29.12.2010.

23 Ohne nähere Begründung bejahend OLG Hamm Beschluss v. 07.05.13 (3 UF 267/12), BeckRS 2013, 09327, unter V.

24 Die Norm lautet wie folgt: „Sieht das nach Artikel 5 oder Artikel 8 anzuwendende Recht eine Ehescheidung nicht vor oder gewährt es einem Ehegatten aufgrund seiner Geschlechtszugehörigkeit keinen gleichberechtigten Zugang zur Ehescheidung oder Trennung ohne Auflösung des Ehebandes, so ist das Recht des Staates des angerufenen Gerichts anzuwenden."

25 OLG München Beschluss vom 02.06.2015 (34 Wx 146/14), abrufbar unter http://www.gesetze-bayern.de/jportal/portal/page/bsbayprod.psml?doc.id=KORE213692015&st=ent&showdoccase=1&paramfromHL=true (zuletzt aufgerufen: 12.12.2015).

eine Anerkennung nach § 107 Abs. 5 FamFG zulässt.[26] Fraglich ist allerdings, ob die Rom III-VO auch in solchen Fällen anzuwenden ist.[27] Geht man von der Anwendbarkeit der Rom III-VO aus, ist sodann zu prüfen, ob die Rom III-VO sich auf die Durchführung von Scheidungsverfahren beschränkt, oder auch die Anerkennung ausländischer Scheidungen mit umfasst. Hierfür sprechen gleichermaßen die eben genannten Gründe, einen klaren und umfassenden Rechtsrahmen schaffen zu wollen.

Schließlich wird die Frage aufgeworfen, ob (nur) eine abstrakte Prüfung der angewandten ausländischen Vorschriften am Maßstab des Art. 10 III Rom III-VO vorzunehmen ist, oder ob die Anerkennung auf der Grundlage einer teleologischen Reduktion der Vorschrift nur ausgeschlossen ist, wenn im konkreten Fall Diskriminierung vorlag. Im ersteren Fall wäre eine Anerkennung ausgeschlossen, weil das syrische Scheidungsrecht trotz einzelner Reformen immer noch patriarchalisch geformt ist und dem Ehemann weit mehr und leichter durchzusetzende Möglichkeiten der Ehebeendigung eröffnet als der Ehefrau.[28] Hier hatte die Ehefrau schriftlich erklärt, sie habe alle nach dem Ehevertrag und aufgrund der Scheidung ihr zustehenden Leistungen (hier: 20.000 US-Dollar) erhalten und befreie den Ehemann von allen ihr aus Ehevertrag und Scheidungsbeschluss zustehenden Verpflichtungen.

Meines Erachtens sind die Gründe, welche z. B. die deutsche Rechtsprechung zur Anerkennung in den genannten Fällen anführt, weiterhin gegeben. Abstrakte Menschenrechtsbekenntnisse dürfen nicht zu Lasten der Opfer von Menschenrechtsverletzungen wirken. Gelegentlich wird gegen die hier vertretene Ansicht eingewandt, es sei für Menschenrechtsaktivisten in islamisch geprägten Rechtsordnungen kontraproduktiv, wenn traditionalistisch-patriarchalisch gesonnene Vertreter sich auf eine „billigende" Praxis in Europa berufen könnten.[29] Aber zum einen billigt diese Praxis keineswegs die angewandten Normen als solche, sondern wägt nur die Ergebnisse einer Anerkennung oder Nichtanerkennung im Einzelfall im Sinne der Betroffenen ab. Zum anderen hat der Verfasser in mehreren Ge-

26 Vgl. nur BGH FamRZ 1990, 607 f.; OLG München aaO, Rn. 27 mwN.

27 So *Palandt-Thorn*, BGB, 75. Aufl. 2016, Art. 2 Rom III-VO Rn. 8; *Hau*, FamRZ 2013, 249 f.; *Helms*, FamRZ 2011, 1765 f.; aA *Gruber*, IPRax 2012, 381 ff.

28 Vgl. zu solchen Unterschieden *Rohe M.*, Das islamische Recht…, 215 ff. mwN; zu Syrien *Ebert, H.-G.*, Das Personalstatut arabischer Länder, Frankfurt a. M. 1996, 108 ff.

29 Vgl. *Schneider, I.*, Der Ṭalāq auf Reisen: Kodifikation, Geschlechtergleichheit und Islamischer Personalstatut in der globalen postkolonialen Moderne. Prof. em. Dr. Omaia Elwan zum 80. Geburtstag gewidmet; in: Religionsfreiheit und Gleichberechtigung, hrsg. v. Juliane Kokott und Ute Mager. Heidelberg 2014, S. 133–159.

sprächen mit prominenten muslimischen Menschenrechtsaktivistinnen erfahren, dass sie die Argumente der hier vertretenen konkreten Betrachtungsweise für überzeugend halten und zudem nicht davon ausgehen, dass irgendein traditionalistisch agierender Gesetzgeber oder entsprechende Gerichte und Verwaltungen europäische Entscheidungen und Debatten auch nur zur Kenntnis nehmen. Diese Erwägungen überwiegen meines Erachtens Argumente aus Wortlaut, Systematik und möglichem Willen des Normsetzers.[30] Es trifft auch nicht zu, dass es letztlich keinen Unterschied ergebe, ob eine vollzogene Scheidung anerkannt oder ein inländisches Verfahren durchgeführt wird. Man denke an den dem Verfasser bekannten Fall, in dem eine Iranerin die Anerkennung beantragt hat, um sogleich wieder heiraten zu können, was auch aufenthaltsrechtlich maßgeblich war. Die Durchführung eines inländischen Scheidungsverfahrens gegen einen mit unbekanntem Wohnsitz im Iran befindlichen Ehemann hätte abgesehen von Anerkennungsfragen einen immensen Zeit- und Kostenaufwand verursacht und den Inlandsaufenthalt der betroffenen Frau unmöglich gemacht.

Zutreffend wird indes darauf hingewiesen, dass die Anwendbarkeit von Art. 10 Rom III-VO nicht schon daran scheitern kann, dass nach islamischem Ehevertragsrecht der Ehefrau eine Brautgabe zusteht, die häufig für den Fall eines *Ṭalāq* fällig gestellt wird.[31] Dies kompensiert nicht die Ungleichbehandlung im Zugang zur Scheidung; zudem ist der vereinbarte Betrag häufig so niedrig, dass er schon deshalb kein Ausgleichspotential aufweist. Hingegen ist m. E. insbesondere dann, wenn die Beteiligten das anwendbare Recht auf der Grundlage von Art. 5 Rom III-VO selbst gewählt haben, die Anwendung des ordre public in zurückhaltender Weise geboten.

Im umgekehrten Fall können Art. 12 Rom III-VO wie auch die mitgliedstaatlichen Vorläufernormen herangezogen werden, um Frauen gleichberechtigten Zugang zu Scheidungsverfahren zu verschaffen. Scheidungsbegehren der Ehefrau wurden in Deutschland schon unter ordre-public-Aspekten relevant: In diesem Zusammenhang kann eine unzulässige Einschränkung durch restriktive Bestimmungen des islamisch geprägten Heimatrechts vorliegen. Im Ergebnis steht dann der Ehefrau die Scheidung ungeachtet der Vorschriften des Heimatrechts zu.[32] Hat der Ehemann auf Wunsch oder zumindest im Sin-

---

30 Auf diese beruft sich maßgeblich MünchKomm Internationales Privatrecht I-*Winkler von Mohrenfels*, 6. Aufl. München 2015, Art. 10 Rom III-VO Rn. 2 ff., 10.

31 Vgl. nur MünchKomm Internationales Privatrecht I ...a. a. O., Rn. 10 mwN. Wie hier auch *Basedow, J.*, Hundert Jahre Rechtsvergleichung, JZ 2016, 269 ff., 278 f.

32 Vgl. OLG Stuttgart FamRZ 1997, 882; OLG Köln FamRZ 2002, 166; OLG Zweibrücken NJW-RR 2002, 581 f.; OLG Stuttgart FamRZ 2004, 25 f.; OLG Rostock FamRZ 2006,

ne der Ehefrau den *Ṭalāq* erklärt, so ist im Ergebnis das Problem mangelnder Gleichberechtigung neutralisiert.[33]

Erhebliche Probleme stellen sich für die Gerichtspraxis bei der Aufklärung der tatsächlichen Umsetzung anzuwendender islam-rechtlich inspirierter Vorschriften. Die Vielfalt der Interpretationen in verschiedenen islamisch geprägten Rechtsordnungen wird nicht immer zutreffend gewürdigt. Zudem sind aus manchen Staaten annähernd keine verlässlichen Informationen über die Rechtspraxis, manchmal schon über das geltende Recht, zu erhalten. Besondere Schwierigkeiten entstehen in Fällen, in denen Beteiligte sich in Rechtsverhältnissen eingerichtet haben, deren Grundlagen massiv mit grundlegenden deutschen Rechtsprinzipien kollidieren. Ein aktuelles Beispiel bietet ein Sachverhalt, der eine Flüchtlingsfamilie aus dem Irak in Bayern betrifft. Eine wohl dreizehnjährige junge Frau reiste mit ihrem „Ehemann" und ihrem gemeinsamen einjährigen Kind sowie ihren Schwiegereltern ein und wurde mit dem Mann in einem gemeinsamen Zimmer in einer Flüchtlingsunterkunft untergebracht. Die Frau wollte die „Ehe" mit dem Mann fortführen. Der Verfasser wurde von Betreuungshelfern um rechtlichen Rat gebeten, nachdem anscheinend zunächst staatliche Behörden nicht aktiv zu werden gedachten, auch weil unklar sei, ob die beiden in einer im Irak wirksam geschlossenen Ehe lebten.

Aus der Sicht des deutschen Kollisionsrechts liegt ein eindeutiger Fall vor. Unabhängig davon, ob überhaupt nach irakischem Recht eine wirksame Ehe geschlossen wurde, könnte diese im Inland nicht anerkannt werden. Ein Eheschließungsalter von weniger als 15 Jahren ist nach der Rechtsprechung als Verstoß gegen den ordre public zu werten, weil jüngere Personen nicht in der Lage sind, Entscheidungen dieser Tragweite eigenverantwortlich zu treffen. Die Fortführung geschlechtlicher Beziehungen wäre also nach deutschem Strafrecht zu erfassen. Andererseits hat der Vater des Kindes grundsätzlich jedenfalls ein Umgangsrecht. Der Rat des Verfassers, das Jugendamt einzuschalten, um adäquate Schutzmaßnahmen in Angriff zu nehmen, wurde offenbar beherzigt. Allerdings behauptet die Frau nun, in Wirklichkeit schon 17 Jahre alt zu sein. Der bezweckte Schutz des deutschen Rechts scheint in der Familie auf völliges Unverständnis zu stoßen (vgl. hierzu noch sogleich im Folgenden). Nun werden medizinische Untersuchungen des tatsächlichen Alters der Braut vorgenommen. Ebenso wichtig erscheint es, über die unverzichtbaren Grundlagen

947. Gemäß OLG Stuttgart FamRZ 2004, 26 wäre es nicht angemessen, ihr nur das „männliche" Recht zum Ausspruch des *Ṭalāq* zu übertragen.

33 Von *Bar, C. u. Mankowski, P.*, Internationales Privatrecht I, München 2. Aufl. München 2003, § 7 n. 266 mwN.

des deutschen Familienrechts und den damit verbundenen Schutzauftrag des Staates hinreichend und leicht verständlich zu informieren. In Bayern sind seit Herbst 2015 mittlerweile mehr als 800 Personen aus der Justiz in Programmen eingebunden, in denen neu angekommenen Flüchtlingen die Grundlagen des deutschen Rechts und seiner Institutionen vermittelt werden. In Hessen sind entsprechende Planungen im Gange.

Bei aller notwendigen Sensitivität für kulturelle Prägungen darf keinesfalls ein oft sachlich unzutreffender und bewertungsmäßig verfehlter kulturalistischer Ansatz dazu führen, den Menschenrechtsschutz nach Herkunft zu relativieren. Die grotesk verfehlte Entscheidung einer Frankfurter Amtsrichterin über einen Antrag auf Prozesskostenhilfe im Jahre 2007 ist ein prägnantes Beispiel hierfür. Die von ihrem Ehemann schwer misshandelte marokkanische Ehefrau wollte eine sofort wirksame Härtefallscheidung erwirken. Die Richterin begründete die Ablehnung des Antrags unter anderem damit, dass der Koran die Züchtigung von Ehefrauen erlaube und deshalb kein Härtefall vorliege. Sie ignorierte dabei das anwendbare marokkanische Eherecht, welches in derartigen Gewaltfällen der Ehefrau ein ebensolches Scheidungsrecht zubilligt; auch hat der Koran in Marokko keineswegs Gesetzeskraft.[34] Schließlich wäre der deutsche ordre public einschlägig gewesen, wenn das marokkanische Recht der Ehefrau hier kein sofortiges Scheidungsrecht eingeräumt hätte.

Diese krasse Fehlentscheidung wurde umgehend korrigiert. Symptomatisch an diesem Fall war zweierlei: Wenig informierte, aber meinungsstarke Stimmen fabulierten von einer angeblichen islamischen Unterwanderung der deutschen Justiz.[35] Die verfehlte Handhabung des Falles wurde damit zugleich den Muslimen zugerechnet, nicht der tatsächlich inkompetenten Arbeit einer deutschen Justizvertreterin.

2. Dispositives Sachrecht

Seit einigen Jahren zeichnet sich eine zunehmende Verlagerung der Gewichte weg von kollisionsrechtlich relevanten Sachverhalten hin zu rechtlichen Inlandssachverhalten ab. Hierfür sind zwei Gründe maßgeblich. Zum einen ist

34 Näheres bei *Rohe*: Islamisierung des deutschen Rechts? JZ 62 (2007), 801 ff.

35 Vgl. den Artikel von *Schwarzer*: „Im Namen der Scharia" Emma 3/2007 (http://www.emma.de/artikel/alice-schwarzer-im-namen-der-scharia-263641) (zuletzt aufgerufen: 14.03.2014); hierzu *Bahners, P.*, Die Panikmacher, München 2011, 233 ff.; *Rohe, M.*, Alice Schwarzer: Desinformation für Fortgeschrittene (http://www.zr2.jura.uni-erlangen.de/aktuelles/kanal.shtml) (zuletzt aufgerufen: 10.5.2016).

die Zahl deutscher Staatsangehöriger mit Migrationsgeschichte seit den Reformen des Staatsangehörigkeitsrechts von 2000 deutlich gestiegen. Zum anderen wurde in wichtigen kollisionsrechtlichen Regelungen die Staatsangehörigkeit als einziges oder primäres Anknüpfungsmerkmal durch den gewöhnlichen Aufenthalt ersetzt. Gerade dadurch vermindert sich die Zahl der kollisionsrechtlich relevanten Fälle deutlich: Wo eine beschränkte Rechtswahl zwischen den beiden aufgrund dieser Anknüpfungsmerkmale berufenen Rechtsordnungen zulässig ist, wird häufig dem Aufenthaltsrecht der Vorzug gegeben werden, auch aus praktischen Gründen: Soweit Notare involviert werden (müssen), werden diese typischerweise eine solche Wahl nahelegen oder jedenfalls von einer Beratung im ausländischen Recht Abstand nehmen, weil dies nicht durch ihre Berufsversicherung abgedeckt ist.[36]

Damit verlagert sich die mögliche Anwendung religiös grundierten Rechts auf die Ebene des jeweiligen dispositiven Sachrechts. Praktische Anwendungsfälle finden sich insbesondere im Vertrags-, Ehe- und Familienrecht sowie im Erbrecht. So haben deutsche Gerichte beispielsweise islamrechtlich inspirierte Vereinbarungen über die Zahlung einer Brautgabe in Eheverträgen grundsätzlich gebilligt.[37] Die Grenzen der Gestaltungsmöglichkeiten werden dann durch die sachrechtlichen Vorschriften über die Inhaltskontrolle gezogen. Insbesondere kann § 138 BGB Nichtigkeit von Rechtsgeschäften wegen Sittenwidrigkeit relevant werden. Da er wie das gesamte Sachrecht auf Inhaltssachverhalte zugeschnitten ist, enthält er als Ausprägung des ordre public interne einen strengeren Prüfungsmaßstab als der ordre public international, der internationale Rechtsunterschiede gerade voraussetzt und nur eine relativ weit bemessene äußere Grenze zieht, dies in Abhängigkeit von der Intensität des Inlandsbezugs.[38] Es scheint weitestgehend Einigkeit darüber zu bestehen, dass der Prüfungsmaßstab des § 138 BGB grundsätzlich einheitlich sein muss, also nicht etwa religiös-kulturell grundierte Transaktionen nach einem gruppenspezifischen Verständnis ohne Rücksicht auf entgegenstehende wichtige Allgemeinbelange beurteilt.[39] Andernfalls würde man kulturell-religiöse Exklaven schaffen, in denen Gruppenrechte auf Kosten der

36 Diesen Hinweis verdanke ich dem Kollegen und Notar Dr. Robert Sieghörtner.

37 Vgl. BGH NJW 1999, 574; zuletzt OLG Köln FamRZ 2016, 720. Ausführlich *Yassari, M.*, Die Brautgabe im Familienvermögensrecht, Tübingen 2014 (Mohr Siebeck), 336 ff. mwN; zur europäischen Dimension *Mehdi, R. u. Nielsen, J.S.* (Hrsg.), Embedding Mahr (Islamic Dower) in the European Legal System, Copenhagen 2012.

38 Vgl. nur *Kegel, G. u. Schurig, K.*, Internationales Privatrecht ..., insbes. 521 ff.

39 Vgl. nur *Palandt, O. u. Ellenberger, J.*, Bürgerliches Gesetzbuch, 75. Aufl. München 2016, § 138 Rn. 2 ff. mwN.

Individualrechte der schwächeren Mitglieder der Gruppenmitglieder ausgeübt werden könnten (Problematik der sogenannten „vulnerable minorities within minorities").[40]

Hierbei wird dann auch zu beachten sein, dass sich die Funktionen solcherart „implementierter" ausländischer Rechtsinstitutionen wandeln können. Soweit etwa die islamrechtliche Brautgabe unterhaltsersetzende Funktionen erfüllt, weil das traditionelle islamische Recht nur geringe nacheheliche Unterhaltsansprüche kennt[41], ist zu prüfen, ob und inwieweit nach Aufenthaltsrecht bestehende Unterhaltsansprüche auf den Zahlungsanspruch hinsichtlich der Brautgabe anzurechnen sind, oder ob umgekehrt der Erhalt der Brautgabe die Bedürftigkeit im Hinblick auf weitere Ausgleichsansprüche mindert. In beiden Fällen ist eine möglicherweise sittenwidrige Doppelbelastung vermeidbar.[42] Sittenwidrigkeit kann allerdings vorliegen, wenn der vereinbarte Betrag eine krasse Überforderung des Ehemannes darstellt.[43] Bei der Vereinbarung sehr hoher Beträge, die voraussichtlich überhaupt nicht aufgebracht werden können, ist zudem zu bedenken, dass sie im Iran teils als Verhandlungsmasse für spätere Sorgerechtsregelungen für Kinder dienen können, um das patriarchalisch geprägte Recht der Vormundschaft und Personensorge für Kinder zu neutralisieren.[44] Da diese Funktion im Inland entfällt, kann der Betrag auf ein Maß reduziert werden, das andere Funktionen noch abdecken kann und die Grenzen der sittenwidrigen Überforderung nicht überschreitet.

Das deutsche Recht lässt nach alledem breite Spielräume für privatautonome Gestaltung. Sollten diese Spielräume auf Dauer intensiv in dem Sinne genutzt werden, dass die zivilrechtlichen Aspekte des islamischen Rechts das dispositive deutsche Zivilrecht breitflächig ersetzen, sind rechtskulturelle Verwerfungen nicht auszuschließen. Die Nutzung privatautonomer Gestaltungsmöglichkeiten ist grundsätzlich als neutral zu bewerten. Hier sei nur daran erinnert, dass in Deutschland und anderen Ländern religiös oder ethisch begründete Verhaltensweisen mit Wirkungen auf die Privatrechtsordnung kein unbekanntes Phänomen sind. Eine kompakte Parallelrechtsordnung außerhalb der Anwendungsfälle des Internationalen Privatrechts wäre aber auch im Bereich des dispositiven Rechts ein neues Phänomen in Deutschland. In Verbindung mit außergerichtlichen

---

40 Vgl. hierzu *Shachar, A.*, Multicultural Jurisdictions. Cultural Differences and Women's Rights, Cambridge 2001.

41 Vgl. *Rohe, M.*, Das islamische Recht…, 97 ff., 229 f. mwN.

42 Vgl. nur OLG Köln FamRZ 2016, 720, 722 mwN.

43 OLG Köln FamRZ 2016, 720, 721 f.

44 Informationen des Verfassers von iranischen Rechtsanwältinnen.

Rechtsdurchsetzungsmechanismen (hierzu unten Abschnitt 3) könnte unter Muslimen ein Gruppendruck entstehen, sich dieser auch zu bedienen. In der Außenwirkung entstünde das Bild einer rechtskulturell dauerhaft separaten Bevölkerungsgruppe.

Dies sind freilich Denkmöglichkeiten, auf deren reale Entwicklung mit rechtlichen Mitteln nur sehr begrenzt Einfluss zu nehmen ist. Eine Bewertung könnte am ehesten dort stattfinden, wo im Ergebnis grundsätzlich nicht zu beanstandende Regelungen mit Begründungen versehen werden, die aus grundrechtlicher Sicht bedenklich sind. Möglicherweise wird die mittelbare Wirkung der Grundrechte auch im Sinne einer „objektiven Wertordnung" ein Ansatz werden, mit dessen Hilfe rechtskulturelle Unterschiede zu nivellieren sind, deren Fortbestand letztlich die Rechtsordnung als Friedensordnung gefährden würde. § 138 BGB wäre hierfür wiederum der geeignete Anknüpfungspunkt, sofern nicht der Gesetzgeber zur Wahrung notwendiger Einheitlichkeit unmittelbar eingreift. Auch der Rechtsprechung kommt in solchem Zusammenhang erhebliche Bedeutung zu: Nicht wiederholen sollte sich das Urteil des französischen Tribunal de Grande Instance von Lille, welches die unzutreffende Behauptung einer Braut, noch Jungfrau zu sein, als Grund für eine Eheannullierung gemäß Art. 180 Code civil (also nicht nur für eine Scheidung) anerkannt hat.[45] Die Rechtsordnung kennt das Phänomen unzulässiger Fragen und Abreden, bei denen also unwahre Aussagen bzw. Bruch der Vereinbarungen keine rechtliche Sanktion auslösen. So verhält es sich etwa bei Vereinbarungen über Schwangerschaftsverhütung, deren Bruch keinen Schadensersatzanspruch eines dann unterhaltspflichtigen Elternteils auslösen kann,[46] oder bei unzulässigen Fragen im Bereich des Arbeitsrechts.[47] Meines Erachtens ist die Jungfräulichkeit als „Ehevoraussetzung" dem gleichzustellen; der Virginitätswahn in manchen orientalischen Kulturen sollte keine rechtliche Flankierung erhalten.

Gleichwohl ist zu betonen, dass kein Generalverdacht gegen Muslime formuliert werden darf, die sich darum bemühen, die Grundsätze ihres Glaubens mit ihrem Alltagsleben in der Diaspora in Einklang zu bringen. Das gilt insbesondere für Fälle, in denen grenzüberschreitende Lebenspläne geschmiedet werden. Hier erscheint es durchaus sinnvoll, rechtliche Regelungen zu finden, die in allen möglichen beteiligten Rechtsordnungen anerkannt werden. Dazu können auch „kreative Lösungen" im Rahmen des geltenden Rechts beitragen.

45 Urt. vom 1.4.2008, abrufbar unter http://blogdalloz.fr/blogdalloz/files/Lille.pdf (zuletzt aufgerufen: 13.06.2016).

46 Vgl. BGHZ 97, 372, 379.

47 Vgl. BAG 1994, 1363 f.; BAG NJW 1999, 3653.

Beispielsweise wurde die Anerkennung einer inländischen Ehescheidung im Iran dadurch ermöglicht, dass zwei nach iranischem Recht erforderliche, geeignete Zeugen die Scheidungsbereitschaft des Ehemannes dokumentierten, während das bloße Scheidungsurteil voraussichtlich nicht anerkannt worden wäre.[48] Aber auch rechtlich zulässige Gestaltungsformen mit Inlandsbezug sind kein genereller „Verdachtsfall". Rechtssicherheit und die Freiheit zu individueller Lebensgestaltung sind hohe Güter des Rechtsstaats, deren Nutzung all denjenigen offenstehen muss, welche die Grundlagen solcher Freiheit und Sicherheit anerkennen.

Im Übrigen stellen sich auch Herausforderungen für die interne Debatte in den religiösen Communities Europas: Wie sind z. B. die koranischen Familien- und Erbrechtsvorschriften im europäischen Kontext auszulegen? Soll man z. B. am Wortlaut festhalten, welcher den männlichen Angehörigen das Doppelte dessen zuweist, was vergleichbar verwandten weiblichen Angehörigen zusteht[49], wenn im Rahmen geschlechtsneutraler europäischer Rechtsordnungen die erbrechtliche Kompensation allein den Männern zugewiesener Unterhaltsverpflichtungen entfällt? Der bayerische Imam Benjamin Idriz sieht die islamische Lösung im Deutschland unserer Zeit auf der Grundlage einer an Sinn und Zweck orientierten Auslegung in erbrechtlicher Gleichstellung.[50]

3. Informelle Anwendung: ADR und „Paralleljustiz"

Eine weitere Facette bildet die außergerichtliche Streitschlichtung (ADR, Alternative Dispute Resolution) unter Anwendung kulturell oder religiös-rechtlich geprägter Normen und Verfahren in muslimischen Communities.[51] Hierüber hat sich seit der Publikation des Buches „Richter ohne Gesetz" von Joachim Wagner[52]

---

48 Zur nicht veröffentlichen Entscheidung des AG Siegbur s. Bericht in der Kölnischen Rundschau vom 16.11.2011, abrufbar unter: http://www.rundschau-online.de/scheidung-eines-iranischen-ehepaares-scharia-im-siegburger-amtsgericht-10504852 (zuletzt aufgerufen: 10.5.2016).

49 So offenbar die Empfehlung auf der Website des ZMD, FAQ-Antwortseite I. Ehe und Familie 3. (http://www.islam.de/1641.php#euf/heirat03.html; zuletzt aufgerufen: 10.5.16).

50 *Idriz, B.*, Grüß Gott, Herr Imam!: Eine Religion ist angekommen, München 2010, 143 ff.

51 Vgl. *Rohe, M.*, Shariah in Europe, in: Cesari, J. (Hrsg.), The Handbook of European Islam, Oxford 2015,. 687 ff. mwN.

52 *Wagner, J.*, Richter ohne Gesetz. Islamische Paralleljustiz gefährdet unseren Rechtsstaat, Berlin 2011.

im Jahre 2011 eine heftige Debatte entsponnen. Untersuchungen des EZIRE insbesondere in Berlin[53] und Bayern, aber auch in Nordrhein-Westfalen, Hessen und Niedersachsen haben ergeben, dass in den von Wagner und anderen beschriebenen strafrechtlich relevanten Fällen tatsächlich weder professionelle islamische „Friedensrichter" in nennenswerter Zahl involviert sind, noch dass die Konflikte nach islam-rechtlichen Prinzipien gelöst werden. Vielmehr geht es in aller Regel um Konflikte zwischen Mitgliedern kurdischer oder arabischen Clans, teils auch mit Opfern von außerhalb, in denen die Opfer oder Zeugen eingeschüchtert und erstere mit meist geringen Ausgleichszahlungen abgespeist werden. Akteure sind in der Regel angesehene Vertreter der Clans, die nach archaisch-kulturellen Mustern Konfliktlösung betreiben, nach denen die Wahrung des kollektiven Friedens im Vordergrund steht, während Individualinteressen wenig zählen. Teilweise finden sich Übergänge zur organisierten Kriminalität. All diese Fälle sind nicht typisch für die muslimischen Communities in Deutschland, wenngleich sie ein erhebliches Gefahren- und Herausforderungspotential für den Rechtsstaat beinhalten.

Im islamrechtlichen Kontext relevant sind hingegen Familienkonflikte, insbesondere im Zusammenhang mit Eheschließung und –scheidung. Die Haltungen zum Verhältnis zwischen deutschem und islamisch geprägtem Familienrecht sind in den muslimischen Communities unterschiedlich. Viele Muslime, auch Imame und andere Vertreter muslimischer Gemeinden, halten die Einhaltung der deutschen Eheschließungs- und –scheidungsvorschriften für ausreichend auch im islamisch-religiösen[54] Sinne. Andere erkennen die ausschließliche rechtliche Wirkung der deutschen familienrechtlichen Vorschriften und Verfahren an, halten aber eine zusätzliche religiöse Bekräftigung und Regelung für erforderlich. Im Spektrum des Neo-Salafismus gelten nach bisherigen Erkenntnissen nur die islamischen Vorschriften als verbindlich, das deutsche Recht wird bestenfalls hingenommen.

Mit der Abschaffung des Verbots der religiösen Voraustrauung (vormals § 67 PStG) im Jahre 2009 hat der Gesetzgeber den Weg zu rein religiösen Eheschließungen (und –scheidungen) geebnet. Wie die christlichen Kirchen haben auch

53 Erlanger Zentrum für Islam und Recht in Europa (Rohe/Jaraba)/Senatsverwaltung für Justiz und Verbraucherschutz Berlin, Paralleljustiz in Berlin, Dezember 2015 (197 S.), abrufbar unter http://www.berlin.de/sen/justv/service/broschueren-und-info-materialien/ (zuletzt aufgerufen: 10.5.2016).

54 Nach islamischem Recht ist die Eheschließung ein privatrechtlicher Vertrag. Er hat jedoch eine auch religiöse Dimension, weil die Eheschließung als wünschenswert und förderungswürdig angesehen wird.

die muslimischen Verbände erklärt, dennoch die Vorlage von Dokumenten über eine vorherige zivilrechtliche Eheschließung zu verlangen, um nicht zuletzt für die Ehefrauen Rechtssicherheit zu gewährleisten. Anscheinend wird davon im Einzelfall abgesehen. Als Hauptproblem wird indes beschrieben, dass sich Eheschließungswillige, welche die geforderten Dokumente nicht beibringen, an kleine Gruppen und Vereine meist aus dem neo-salafistischen Spektrum wenden, die ohne Vorbedingungen mitwirken.

Weshalb streben Muslime in erheblicher Zahl religiöse Eheschließungen, ggf. dann auch entsprechende Scheidungen an? Teilweise beruhen solche Ehen auf Informationsdefiziten über die Mechanismen des deutschen Rechts. Selbst bei manchen Menschen, die schon seit langer Zeit in Deutschland leben, finden sich grundlegende Fehlinformation wie die Vorstellung, die (säkularen) Standesämter seien Einrichtungen der christlichen Kirchen. In anderen Fällen fehlen die für eine zivilrechtliche Trauung erforderlichen Dokumente, so dass die Beteiligten auf eine religiöse Eheschließung ausweichen, um in einer von ihrem sozialen Umfeld akzeptierten Weise zusammenleben zu können. Zudem besteht in manchen meist hermetisch lebenden Kreisen ein generelles Misstrauen gegenüber dem Staat und seinen Institutionen, teils aufgrund einschlägiger Erfahrungen im Herkunftsstaat, teils auch aufgrund von echten Diskriminierungserfahrungen, aber auch von in manchen Migrantenkreisen geschürten Vorurteilen. In den letzten Jahren scheinen junge Paare zunehmend aufgrund eines bewussten Verzichts auf Rechtswirkungen ihre Beziehungen familiär „abzusichern", ohne möglicherweise hohe Kosten für eine Ehescheidung aufwenden zu müssen. Zudem sind Fälle bekanntgeworden, in denen Männer Beziehungen zu mehreren Frauen auf solche Weise sozial legitimieren möchten. Viele Moscheevereine weigern sich, an derlei mitzuwirken, einzelne Gruppierungen stören sich jedoch nicht daran. Immer wieder spiegeln Beteiligte auch vor, ledig zu sein, was aufgrund weitgehend fehlender oder unvollständig geführter Register und mangelndem zentralem Datenpool kaum überprüfbar ist. So muss nun auch der Fall bewältigt werden, in dem eine Frau auf solche Weise mehrere gleichzeitige Ehen mit Männern eingegangen ist – eine von der traditionellen Lehre bislang kaum behandelte Konstellation.

Soweit sich die Handhabung solcher Fälle auf religiöse Aspekte und rechtliche Regelungen im Rahmen des zwingenden deutschen Rechts[55] beschränkt und die

55 Für die Möglichkeiten und Grenzen der Brautgabevereinbarungen vgl. die umfassende Studie von *Yassari, M.*, Die Brautgabe…. Andere relevante Aspekte werden am Lehrstuhl des Verfassers in einem Dissertationsprojekt aufgearbeitet.

Beteiligten sich freiwillig dazu entschließen, verhält sich die Rechtsordnung dazu neutral. Problematisch sind hingegen Sachverhalte, in denen Druck auf Beteiligte ausgeübt wird, z. B. zur Wahrung des Familienfriedens auf Rechte zu verzichten, die ihnen nach den Vorschriften des deutschen Familienrechts zustehen. Solcher Rechtsverzicht ist im Grundsatz möglich innerhalb bestimmter Grenzen, jedoch nur dann, wenn dem eine nicht nur formal freiwillige Entscheidung zugrunde liegt. Wir wissen, dass es in der religiösen Beratungspraxis neben einigen sehr professionell agierenden Einrichtungen viele Akteure gibt, die zwar guten Willens sind, aber zeitlich und professionell überfordert sind, weil sie weder die rechtlichen Rahmenbedingungen kennen noch die Fertigkeiten besitzen, die für eine neutrale und ihre Grenzen kennende Konfliktvermittlung erforderlich sind. Ebenso kennen wir Fälle, in denen Imame, die z. B. misshandelten Ehefrauen zu einer in ihrem Umfeld islamisch legitimierten Ehescheidung verhelfen wollten, von den Ehemännern oder anderen Familienangehörigen bedroht oder gar zusammengeschlagen wurden.

Bislang hat sich fast keine den jüdischen Batei Din[56] ähnliche Struktur herausgebildet, die seit langer Zeit insbesondere bei Scheidungskonflikten angerufen werden, wenn eine Ehefrau die Scheidung wünscht, ihr Ehemann aber nicht bereit ist, ihr einen Scheidebrief (get) auszuhändigen. Nur die Ahmadiyya Muslim Jamaat betreibt ein religiöses Schiedsgericht in Frankfurt am Main, in dem unter anderem Familienkonflikte behandelt werden können. Die möglichen Sanktionen sind religiöser Natur (bis hin zum Ausschluss aus der Gemeinde).[57] Im Übrigen herrscht bislang ein hohes Maß an improvisierter Handhabung, die nach Aussagen vieler involvierter Befragter einem „Chaos" gleichkommt. Umso dringlicher sind hier Informationen über das geltende Recht und seine Institutionen sowie die rechtlichen und fachlichen Voraussetzungen, Möglichkeiten und Grenzen religiös inspirierter Konfliktvermittlung und der Handhabung religiöser Eheschließungen und -scheidungen.

Schematisch lassen sich abschließend die rechtlich relevanten Aspekte für adäquate Lösungen bei der Bestimmung notwendiger Einheit des rechtlichen Rahmens und möglicher Vielfalt der Einzellösungen innerhalb dieses Rahmens wie folgt darstellen:

---

56 Vgl. hierzu z. B. *Hötte, F.*, Religiöse Schiedsgerichtsbarkeit, Tübingen 2013, 73 ff., 178 f. mwN.

57 Informationen des Verfassers von Herrn Wajih bin Sajjid in Berlin im Januar 2015.

Mechanismen für die Balancierung von Einheit und Vielfalt	**Wahlrechte**	**Grenzen**
Internationale Dimension	Geeignete Anknüpfungsmerkmale	Ordre public (konkret)
	Rechtswahloptionen	Ordre public (konkret)
	ADR	zwingendes Recht
Hybride Dimension	Rechtswahl	zwingendes Recht/ordre public
	dispositives Recht kreative Lösungen	(konkret)
Interne Dimension	dispositives Recht	zwingendes Recht
	• faire, neutrale Inhaltsprüfung kulturelle Sensitivität	
	• kein gruppenspezifischer Ordre public (vulnerable minorities)	
⟶	ADR	zwingendes Recht

Jürgen Rieck, München

Personenstand und Islam in Deutschland

Vorbemerkung:

Der **Personenstand** ist die sich aus den Merkmalen des Familienrechts ergebende Stellung einer Person innerhalb der Rechtsordnung einschließlich ihres Namens (§ 1 Abs. 1 PStG).[1] Bei den Personenstandsdaten unterscheidet man zwischen allgemeinen Personenstandsdaten[2], besonderen Personenstandsdaten[3] und sonstigen Personenstandsdaten.[4]

Unter den **Fällen der besonderen Personenstandsdaten** sind hier insbesondere von Interesse: Die Eheschließung, die Ehescheidung, die Geburtenregistrierung, die Adoption und die Geschlechtsumwandlung.

Dieser Aufsatz kann sich wegen des Umfangs des Themas nur mit den Problemen der personenstandsrechtlichen Auswirkungen der Eheschließung und der Ehescheidung befassen.

1. Die Eheschließung

1.1. Der deutsche Gesetzgeber hat mit Wirkung vom 1.1.2009 die Bestimmung gestrichen, wonach der religiösen Eheschließung die standesamtliche Eheschließung vorauszugehen hat.[5] Seit dem 1.1.2009 kann also eine rein religiöse Ehe vor dem Imam oder einem Pfarrer in Deutschland geschlossen werden.

---

1 Voranzustellen ist, dass die Ausführungen dieses Aufsatzes die mannigfachen Probleme nicht erschöpfend lösen können, sondern nur als Anfang einer fachlichen Diskussion zu verstehen sind. Das allein schon deshalb, weil sich die deutsche Rechtsordnung im Zuge der europäischen Entwicklung einem Rechtstransfer gegenüber sieht, der sich auch aus rasanten Rechtsentwicklungen in anderen EU Staaten ergibt.

2 Das sind Angaben wie Name, Geburtsdatum, allenfalls Sterbedatum (also Alter), Geburtsort respektive Sterbeort, Geschlecht, Familienstand, Staatsangehörigkeit und Ähnliches.

3 Das sind weiterführende Informationen je nach Personenstandsfall, etwa Angaben zu den Eltern bei der Geburt, zum Partner bei der Eheschließung.

4 Das sind alle weiteren Informationen, die von einer Personenstandsbehörde für eine ordnungsgemäße Vollziehung benötigt werden.

5 PStRG v. 19.2.2007, BGBl. 2007 I, 122.

Anders als die meisten islamischen Gemeinschaften[6] halten die römisch-katholische Kirche[7] und die Evangelische Kirche in Deutschland[8] daran fest, dass nur in Ausnahmefällen, die in den Kirchenverträgen[9] vorgesehen sind, weiterhin eine standesamtliche Eheschließung vorliegen muss, bevor kirchlich geheiratet werden kann. Das verlangt auch das islamische Zentrum in München.[10] Einige islamische Zentren[11] geben keine Heiratsurkunde heraus, bevor die standesamtliche Ehe geschlossen wurde, andere tun dies doch. Diese rein religiöse Ehe wird zwar vom staatlichen Recht nicht anerkannt, bildet also keinen wirklichen Personenstandsfall, ist jedoch gleichwohl zu untersuchen.

1.2. In der Praxis häufen sich Fälle wie dieser: Wenn ein junges beiderseits muslimisches Paar zusammenleben will, bevor man vor dem Standesbeamten „richtig heiratet", erfordert es die (islamische) Sitte meist, dass islamisch „geheiratet" wird. Unterstellen wir, dass in der Heiratsurkunde eine Morgengabe mit 29.000 EUR als jederzeit forderbar vereinbart wird. Das Paar zieht zusammen, die Verbindung scheitert jedoch nach 6 Monaten. Es wird um Wohnung, Hausrat und Geldforderungen gestritten. Die Frau will die Morgengabe. Was tun?

a) Fragen:

Auch wenn die Ehe rechtlich für Deutschland nicht gültig ist, weil beide Parteien zur Zeit der „Eheschließung" in Deutschland lebten, und die Ehe hier nur als standesamtliche Eheschließung gültig ist (§ 1310 Abs. 1 BGB), ist zu fragen:

- Ist die „Ehe" deshalb wirklich unbedeutend?
- Können die Partner später einfach sagen, sie seien nicht verheiratet?
- Kann der Mann in Deutschland mehrere Frauen haben?
- Kann sich die Frau ohne Scheidung überhaupt wieder verheiraten?
- Kann die Morgengabe vor einem deutschen Gericht eingeklagt werden, wenn keine (anzuerkennende) Ehe bestanden hat?

---

6 http://izhamburg.org/dienstleistungen/Eheschliessung.php (Für diesen und alle folgenden Internetlinks und -dokumente gilt: zuletzt abgerufen am 10.05.2016).

7 http://sakramente.bistummainz.de/kirchlich-heiraten/fragen-zur-ehe

8 http://www.ekd.de/download/ekd_texte_101.pdf Seite 22.

9 http://gbs-koblenz.de/staatsvertraege

10 http://www.islamisches-zentrum-muenchen.de/html/services_-_eheschliessungen.html

11 So das in Fn. 6 genannte Islamische Zentrum Hamburg.

- Und wie wird eine solche „Ehe" aufgelöst, wenn für die staatlichen Gerichte keine Ehe besteht?

b) Versuch von Antworten:

b1) Verfassungsrechtliche Grundlagen:

Das Grundgesetz enthält keine wirkliche Trennung von Kirche und Staat.[12] Das deutsche Verfassungssystem beruht auf einer institutionalisierten Zusammenarbeit von Kirche und Staat.[13] Nicht ganz zutreffend ist deshalb die Homepage der Deutschen Bischofskonferenz (DBK)[14]. Art. 4 GG garantiert lediglich die Freiheit des Glaubens, die Freiheit des religiösen und weltanschaulichen Bekenntnisses und die ungestörte Religionsausübung. Art. 7 GG betrifft die Zusammenarbeit im Religionsunterricht. Die restlichen Normen ergeben sich aus der als einfaches Bundesgesetz fortgeltenden Weimarer Reichsverfassung WRV (Art. 140 GG).

Grundlage der religiösen verfassungsrechtlichen Ordnung ist also die Freiheit der Religionen und deren Ausübung, jedoch die durch Vereinbarungen mit den Religionsgemeinschaften geregelte Zusammenarbeit des Staates und der Religionsgemeinschaften.

b2) Zusammenarbeit:

Die Haltung der christlichen Kirchen in Deutschland zur rein kirchlichen Ehe ist – noch – geprägt von der Zurückhaltung auf Grund der mit dem Staat in den Kirchenverträgen[15] vereinbarten gegenseitigen Rücksichtnahme. Allerdings sind sowohl die DBK[16] als auch der Rat der Evangelischen Kirche Deutschland (EKD)[17] dabei, ihre Haltung zu der Frage der nur religiösen Eheschließung neu zu definieren. Da jedoch die Verfassung von Vereinbarungen ausgeht, wäre es notwendig, auch mit den islamischen Gemeinschaften „Kirchenverträge" zu schließen.

---

12 http://www.bmi.bund.de/DE/Themen/Gesellschaft-Verfassung/Staat-Religion/staat-religion_node.html. Ebenso: http://offene-religionspolitik.de/steht-die-trennung-von-staat-und-kirche-im-grundgesetz/

13 http://offene-religionspolitik.de/steht-die-trennung-von-staat-und-kirche-im-grundgesetz/

14 http://www.dbk.de/katholische-kirche/katholische-kirche-deutschland/aufbau-ktah-kirche/kirche-staat/

15 http://gbs-koblenz.de/staatsvertraege

16 http://sakramente.bistummainz.de/kirchlich-heiraten/fragen-zur-ehe

17 http://www.ekd.de/download/ekd_texte_101.pdf Seite 22.

Dem wird entgegengehalten, dass der Islam zersplittert sei und keine Organisation anbiete, mit der vom Staat Vereinbarungen geschlossen werden könnten. Ob dies heute wirklich noch so zutrifft, kann bezweifelt werden und wäre näher zu untersuchen, denn auch die Muslime haben sich inzwischen mannigfach organisiert.[18]

Solange also keine Regelung besteht oder geschaffen wird, wonach auch die religiösen Lebensformen dem deutschen Gesetz zu entsprechen haben, oder zumindest eine Nichtverletzungspflicht besteht, wie sie den Kirchenverträgen entnommen werden kann,[19] wird es das Gesetz nicht interessieren, ob Menschen religiös – vielleicht auch mehrfach – heiraten.

b3) Eherechtlicher Rechtsimport:

Es gibt aber auch Staaten, die eine nur religiös geschlossene Ehe als gültig betrachten oder fakultativ die religiöse Ehe zulassen.[20] Wenn also beide oder einer der Ehegatten einem Staat angehören, der die religiöse Ehe oder die fakultativ religiöse Ehe zulässt, so ist zu fragen, warum diese dort religiös geschlossene Ehe anerkannt wird, nicht aber die religiöse Ehe in Deutschland.

Und was ist, wenn der ausländische Staat die deutsche religiöse Ehe anerkennt, Deutschland jedoch nicht? Wir können dies aus Zeitgründen hier nicht untersuchen. Aber es ist dafür zu plädieren, dass die Ehe, die von dem Heimatland mindestens eines Ehegatten anerkannt wird, auch für Deutschland gelten muss.

b4) Morgengabe:

Wenden wir uns kurz der Morgengabe zu, die regelmäßig mit der islamischen Eheschließung vereinbart wird. Ist diese bedeutungslos, wenn die Ehe vom Staat nicht anerkannt wird? Es wäre einerseits eigenartig, wenn die dem deutschen Recht fremde Morgengabe von der gültigen deutschen Ehe abhängen würde. Da aber andererseits dieses dem deutschen Recht unbekannte Institut den Ehewirkungen zuzuordnen ist,[21] wird es seine Gültigkeit verlieren, wenn die Ehe nur

---

18 http://www.bpb.de/politik/innenpolitik/konfliktstoff-kopftuch/63317/islamische-gruppen

19 Z.B.: Art. 31 des bayrischen Kirchenvertrags mit der evangelisch-lutherischen Kirche: https://www.historisches-lexikon-bayerns.de/images/c/c6/Artikel_44376_bilder_value_1_kirchenvertraege.pdf

20 Dies gilt nicht nur für islamische Staaten. Auf deren Aufzählung muss hier verzichtet werden.

21 OLG Zweibrücken, FamRZ 2007, 1555; OLG Köln, FamRZ 2006, 1380, 1381; OLG Hamm, FamRZ 1991, 1319.

religiös geschlossen wird, also für das deutsche Sachrecht nicht gültig ist. Dann fehlt es nämlich mangels einer Ehe an Ehewirkungen.

Es sollte in Fällen wie diesem hier unterstellten ein Schuldversprechen nach § 780 BGB angenommen werden können, wenn die Morgengabe schriftlich vereinbart wurde. Wurde keine Vereinbarung oder nur eine mündliche getroffen, wird sie nicht im deutschen Sachrecht einordnungsfähig sein[22].

Es sollte jedoch nicht übersehen werden, dass es auch gewichtige Stimmen gibt, die eine Morgengabe als Preis für den Geschlechtsverkehr schlicht für sittenwidrig halten.[23] Gerade in Fällen nur kurz dauernder nicht als Ehe anerkannter Gemeinschaften spricht mehr dafür, dass die Morgengabe nur auf dem Papier steht, aber nicht wirklich eingefordert werden kann.

b5) Ergebnis:

Die religiös geschlossene Ehe ist für Deutschland nicht unmittelbar gültig (zur Frage der Scheidung siehe unten). Ob sie mittelbar über die Anerkennung eines anderen Staates Wirkung entfalten kann, wäre noch zu untersuchen (s. 1.3. *urfi*-Ehe). Wechselseitige Ansprüche bestehen nicht, sofern kein schuldrechtliches Institut (Darlehen, Leihe, o. ä.) gefunden werden kann. Die Morgengabe könnte als Schuldversprechen behandelt werden, wenn sie schriftlich vereinbart wurde und als jederzeit forderbar vereinbart ist.

1.3. *urfi*-Ehe: Die Ehe nach Brauchtum (*urf*) ist in vielen islamischen Staaten sunnitischer Prägung[24] praktische Übung, wenn sie auch nicht unbedingt gültig ist.[25] Dem Bericht der Konrad-Adenauer-Stiftung e. V. in Kairo[26] ist jedoch zu entnehmen, dass diese gewohnheitsrechtliche Ehe praktisch in allen islamischen Rechtsordnungen weit verbreitet und für Ägypten nicht unbedeutend ist. Diese

22 Beachte jedoch, dass das Schuldversprechen keineswegs bedeutet, dass der versprochene Betrag zu zahlen ist. Mit erheblichen Schwierigkeiten der Billigkeit und wegen Sittenwidrigkeit muss gerechnet werden.

23 Beschluss des AG Baden-Baden vom 11.09.2015 (Az.: 2 F 118/13); Amtsgericht Darmstadt Beschluss vom 15. Mai 2014 (Az.: 50 F 366/13).

24 Bei den Schiiten bedarf es der *urfi*-Ehe aus 2 Gründen nicht: a) es gibt den Rechtskniff der irrtümlichen Annahme der Ehe, und b) es gibt die legale Ehe auf Zeit. (*Unger, E.*, Das iranische Familienrecht. in: Rieck, Jürgen (Hrsg.), Ausländisches Familienrecht, Loseblattsammlung, Verlag C.H. Beck, August 2008, vor Rn. 4).

25 Eine Untersuchung dazu, wo die *urfi*-Ehe als gültige Ehe gilt, fehlt.

26 http://www.kas.de/wf/doc/kas_12726-544-1-30.pdf

eigentlich ungültige Ehe kann in Ägypten durch eherechtliche Klage in eine gesetzmäßige Ehe umgewandelt werden.[27]

a) Die praktische Bedeutung für Deutschland liegt offenkundig zu Tage. Lernt eine deutsche Frau einen Muslim in einem Land mit islamischem Recht kennen und will sie mit ihm zusammen dort leben, bevor sie ihn für das deutsche Recht gültig heiraten kann, drängt sich die *urfi*-Ehe als Ausweg auf. Oft erschließt sich der Frau nicht, warum sie zweimal heiraten muss (im Ausland inoffiziell wegen des Zusammenlebens und offiziell wegen des Familiennachzugs).
b) Häufigste Frage ist jedoch, ob man überhaupt zweimal heiraten kann und ob man nicht schon gültig verheiratet ist (Vgl. § 1306 BGB). Die in einem islamischen Land geschlossene *urfi*-Ehe stünde einer erneuten Heirat zwischen denselben Personen nicht entgegen[28].
c) Es wird im sunnitischen Islam noch unterschieden zwischen der heimlichen und der veröffentlichten *urfi*-Ehe.[29] Es ist fraglich, ob die moderne Form der geheimen *urfi*-Ehe überhaupt islamisch gültig ist, weil die Öffentlichkeit (Zeugen der Ehe) in islamischen Staaten konstitutiv für die Anerkennung ist[30]. Die in Fn. 29 genannten Materialien weisen noch darauf hin, dass es an der Klagebefugnis fehlen kann, wenn die Ehe nicht bewiesen werden kann.

1.4. Soziologische Bewertung: Soziologie ist die sich auf die Struktur und Funktionsweise von Gesellschaften und das Handeln von Individuen in sozialen Kontexten gerichtete Untersuchung und Bewertung[31]. Nach Max Weber[32] ist sie eine Wissenschaft, welche soziales Handeln deutend verstehen und dadurch in seinem Ablauf und seinen Wirkungen ursächlich erklären will. Dieser Definition bedarf es für unser Thema deshalb, weil die Dimension der rein religiösen Ehe sich aus sehr unterschiedlichen Motiven nähren kann. Jedoch kann dies hier nur angedeutet und keineswegs gelöst werden.

---

27 *El Akrat*, Ägypten. in: Rieck (Hrsg.), Ausländisches Familienrecht, C.H. Beck München, 2015, Rn. 18.

28 Unrichtig daher die gelegentliche Forderung von Ausländerbehörden, dass zuerst die *urfi*-Ehe aufgelöst werden müsse.

29 Materialien zur Vorlesung „Ausgewählte Kapitel des Islamischen Rechts der Gegenwart" (Prof. Dr. Omaia Elwan) Nr. 3. (http://www.ipr.uni-heidelberg.de/personen/elwan/materialien.html)

30 *El Akrat*, Ägypten…, Rn. 18.

31 http://wirtschaftslexikon.gabler.de/Definition/soziologie.html

32 http://www.soziologie.uni-halle.de/studium/gegenstand.html

a) Nach Feldmann ist das Recht ein Teil der sozialen Lebensordnung.[33] Dieser Wertung kann ohne Bedenken zugestimmt werden. Allerdings hat dies dann auch zwei Seiten: Ändert sich die soziale Lebensordnung, so ist zu fragen, ob sich auch das Recht ändern muss. Das wirft die weitere grundlegende Frage nach der Werteordnung und den Grundlagen des Rechts auf.[34] Auch wenn es kaum fraglich erscheint, ob Religion und Sitte vor dem staatlichen Gesetz da waren,[35] so lautet die Frage nun: Wie muss sich das Gesetz wandeln, damit es seine Bürger noch erreicht?
b) Das führt wieder zurück zu der verfassungsrechtlichen Stellung der Religionen (siehe oben). Nach dieser enthält sich der Staat[36] (Religionsfreiheit) und schließt mit den Kirchen Verträge. Inwieweit der Islam fähig ist, dem Ideal des Art. 18 der allgemeinen Erklärung der Menschenrechte zu entsprechen, muss hier nicht untersucht werden.[37] Für unser Thema ist festzuhalten, dass der Staat die Religionen gewähren lässt und es für den Personenstand als unbeachtlich hält, wenn der staatlichen Form nicht entsprochen wird.
c) In Zeiten wie unseren, in denen viele Menschen die nichteheliche Gemeinschaft der Ehe als alternative Lebensform gleichstellen oder gar vorziehen,[38] bewirkt diese Rechtslage jedoch eine Spaltung. Bis zu welchem Ausmaß eine solche Spaltung für ein Staatswesen hinnehmbar ist, ist offenbar noch nicht untersucht. Es soll hier jedoch nicht um die Diskussion über Parallelgesellschaften[39] gehen.

---

33 Joachim Feldmann, „Alles was Recht ist" http://www.blz.bayern.de/blz/web/120007/120007-01.html

34 So auch Papst Franziskus in seiner Rede vom 25.11.14 vor dem EU Parlament, http://de.radiovaticana.va/news/2014/11/25/rede_des_papstes_an_das_europaparlament/ted-837878

35 http://kath-zdw.ch/maria/gebote.html

36 Das könnte eine Grundlage dafür bilden, wie sich Staaten insgesamt dazu verhalten: http://www.menschenrechtserklaerung.de/gedankenfreiheit-gewissensfreiheit-und-religionsfreiheit-3643/

37 Artikel 18 Jeder hat das Recht auf Gedanken-, Gewissens- und Religionsfreiheit; dieses Recht schließt die Freiheit ein, seine Religion oder seine Weltanschauung zu wechseln, sowie die Freiheit, seine Religion oder seine Weltanschauung allein oder in Gemeinschaft mit anderen, öffentlich oder privat durch Lehre, Ausübung, Gottesdienst und Kulthandlungen zu bekennen.

38 http://d-a-s-h.org/dossier/13/02_geschichte.html

39 Siehe beispielhaft dazu: http://www.tagesspiegel.de/politik/muslime-in-deutschland-leben-wir-in-parallelgesellschaften/10710570.html

d) Es ist vielmehr zu fragen, ob Sinn und Zweck der Personenstandsordnung noch erfüllt werden können, wenn sich weite Kreise dieser Institution entziehen oder mangels gesetzlicher Anerkennung gar nicht unterordnen können. Hier muss es der Autor bedauern, dass weite andere Bereiche der Personenstandsordnung ebenfalls nicht erschöpfend behandelt werden können, gleichwohl als „unislamisch“ einzustufen sind.[40,41,42,43]
e) Die hier gestellte Frage, wie viel Spaltung ein Staatswesen verträgt, wurde noch nicht beantwortet. Jedoch gibt es Parallelen, wie z. B. zur Demokratie. Das Bundesverfassungsgericht hat in den 90iger Jahren zu der Frage, ob die Demokratie es vertrage, dass ein großer Teil der Bevölkerung nicht wählen dürfe aber nach den von einem kleinen Teil der Bevölkerung bestimmten Gesetzen leben müsse, entschieden, dass die Demokratie das nicht zulasse, der Staat jedoch die Alternative habe, entweder das Wahlrecht zu ändern oder einzubürgern.[44]

Dabei muss es vorerst verbleiben, allerdings vertritt der Autor die Auffassung, dass der Zustand so nicht bleiben darf. Das wird deutlicher bei den nächsten Personenstandsdaten nach Ehescheidung.

2. Die Ehescheidung

a) Die ungültige religiöse Ehe:

Es ist zu fragen, wie diese Ehe wieder aufgelöst wird? Es fehlt ja die Anwendung des staatlichen Machtworts (Gewaltmonopol)[45] der Scheidung, mit der die einzig gültige Verbindung der Parteien aufgelöst wird, die man, wenn man will, auch auf die religiöse Ehe übertragen könnte. Denn was der Staat nicht als Ehe anerkennt, kann er auch nicht auflösen.

---

40 Intersex als „eintragungsfähiges“ Geschlecht, anonyme Geburten, transsexuelle Personenstandsänderung.

41 Zur künstlichen Befruchtung: 0303–7207:00:$ – see front matter © 2000 Elsevier Science Ireland Ltd. All rights reserved.PII: S0303-7207(00)00367–1

42 Zur Unfruchtbarkeit: http://www.popline.org/node/319841#sthash.7XU6dWwZ.dpuf.

43 Siehe vergleichend *Inhorn, Maria C.*, Making Muslim Babies: Ivf and gamiete donation in Sunni versus sh'iah Islam. in: Culture, Medicine and Psychiatry 30: Springer Science+Business Media, Inc. 2006, S. 427–450; DOI: 10.1007/s11013-006–9027-x

44 BVerfG 1990 zur Demokratie http://www.bpb.de/themen/R8AQSN,0,Wahlrecht_und_Einwanderung.html

45 Zum Gewaltmonopol siehe: http://www.bpb.de/nachschlagen/lexika/recht-a-z/22300/gewaltmonopol

Mindestens einer der Ehegatten wird benachteiligt bleiben, nämlich die Frau. Wenn sich der Mann nicht scheidet, um die Morgengabe nicht bezahlen zu müssen, kann die Frau nur aus der islamischen Ehe herauskommen, wenn sie auf ihre Rechte verzichtet, vielleicht noch etwas bezahlt (*khul*).[46]

Ist die Auflösung nötig? Die islamischen Verbände und Gemeinschaften werden auf Dauer ebenso wie der deutsche Staat nicht darum herumkommen, sich des Problems anzunehmen und es zu regeln. Es stellen sich folgende Fragen:

- Verträgt es die Gesellschaft, wenn eine Bevölkerungsgruppe (Männer) bis zu vier Frauen haben darf, die Frauen jedoch nur einen Mann, also sich notfalls nicht wieder verheiraten können? Erkennbar wagt sich niemand an die Konkurrenz zwischen Art. 4 und Art. 3 GG heran. Man wird es müssen.[47]
- Wenn aber die religiöse Ehe nicht als Ehe gilt, es also kein Personenstandregister darüber geben wird, wie ist gesichert, dass muslimische Bürger nicht trotz aller religiösen Verbote mehr Ehegatten islamisch heiraten als erlaubt, indem sie bestehende „Ehen" verschweigen?
- Erfordert es nicht die „religiöse Hygiene", Ordnung zu schaffen und durch entsprechende Instrumente der – auch grenzüberschreitenden – Registrierung und Kontrolle Missbrauch zu verhindern und für die Auflösung solcher Bündnisse zu sorgen?

b) Gewaltmonopol und Paralleljustiz:

Bleiben wir zunächst bei dem eingangs geschilderten Fall, der in Deutschland (legal erlaubten aber ungültigen) *urfi*-Ehe, die noch dazu veröffentlicht war, für deren Auflösung aber kein Rechtsweg offen steht. Es ist bekannt, dass in Deutschland Paralleljustiz geübt wird, weil islamische Schieds- oder Friedensrichter[48] sogar öffentlich für ihre Dienste werben. Es gibt sie in Berlin, Hamburg, Köln und praktisch allen Großstädten. Aber sie gelten als illegal, weil sie dem Gewaltmonopol des Staates widersprechen.[49]

c) Diskussion:

c1) Zunächst wird unterstellt, dass es allseits – das heißt sowohl seitens der islamischen Religion als auch aus Sicht des deutschen Rechts – eine Möglich-

---

46 Siehe dazu statt vieler Quellen: http://www.britannica.com/topic/khul

47 Siehe Stichwort: Zugang zum Recht.

48 http://www.spiegel.de/spiegel/print/d-80165560.html

49 https://www.bmjv.de/SharedDocs/Downloads/DE/pdfs/Studie-Paralleljustiz.pdf?__blob=publicationFile

keit geben muss, diese Ehen zu beseitigen. Es kann dabei aber angesichts der Gleichberechtigung der Geschlechter nach Art. 3 GG nicht hinnehmbar sein, dass die (muslimische) Frau in einer solchen nur religiösen aber ungültigen Ehe rechtlos bleibt.

c2) Man könnte nun auf den Gedanken verfallen, dass der deutsche Staat sich mit der Neufassung des PStG seines Gewaltmonopols hat begeben wollen. Dafür gibt es jedoch keine ausreichenden Belege. Man wird auch einen gesetzestechnischen Fehler nicht als gesetzgeberischen Willen auslegen dürfen. Ein Fehler kann nicht durch einen anderen Fehler korrigiert werden.

c3) Scheidet aber dieser Gedanke als ferne liegend aus, wäre das Ausweichen auf eine Rechtsordnung legal, die diese Ehe als gültig anerkennt. Dann wäre die Ehe nach ihrem Heimatrecht gültig und anzuerkennen. Danach könnte die Ehe förmlich durch die ausländischen staatlichen Gerichte geschieden werden. Und dies wäre in Deutschland anerkennungsfähig. Ebenso wäre dann nach einer Anerkennung im Ausland die Scheidung in Deutschland möglich.

c4) Wer wird jedoch in der Absicht, sich scheiden zu lassen, zuerst eine fehlerhaft Ehe bestätigen lassen wollen? Und könnte danach überhaupt das Scheitern der Ehe angenommen werden, wenn sie gerade erst anerkannt worden ist? Kann es sein, dass alles davon abhängen soll, dass irgendeine Anerkennung im Ausland erfolgen muss, um die Ehe dann zu scheiden?

c5) Ob ein Gesetz zur Regelung der nichtehelichen Verhältnisse Abhilfe schaffen kann, muss geprüft werden. Dieses wäre zwar für die bürgerlich-rechtlichen Folgen der religiösen Ehe vorteilhaft, jedoch könnte ein solches Gesetz die islamische Ehe nur beseitigen, wenn es zugleich erklären würde, dass damit auch religiöse Bündnisse jeder Art (auch römisch-katholische Ehen[50]) beseitigt werden können. Das erscheint aber angesichts der Verfassung als schwierig zu denken. Siehe jedoch unten Nr. 3.

c6) Man hat letztlich auch zu erwägen, ob nicht eine begrenzte islamische Kompetenz geschaffen wird, wie sie ja auch der katholischen Kirche[51] zuerkannt wird, wenn es um die Aufhebung kanonischer Ehen geht. Es stellt sich gar die Frage, ob dies nicht schon heute geboten ist, weil der Staat den Islam nicht anders als

50 Aus Gleichheitsgründen würde man das wohl fordern müssen.

51 Etwa in Form der Sacra Rota: http://www.ilfattoquotidiano.it/2015/09/08/papa-francesco-riforma-lannullamento-dei-matrimoni-decidera-il-vescovo-e-introduce-il-processo-breve/2017004/

die christlichen Religionen behandeln kann. Der Autor ist sich bewusst, dass dies abgelehnt wird, weil ja die Muslime nicht einheitlich auftreten und keine Organisation haben, mit der Kirchenverträge geschlossen werden können. Aber das darf keine Ausrede sein. Es besteht ein Handlungsgebot[52] für den Staat.

d) Grundproblem:

Die *urfi*-Ehe darf oder sollte den Blick auf ganz reguläre Fälle nicht verstellen. Man denke nur an den Folgenden:

Zwei afghanische Staatsangehörige hatten im Iran in der Botschaft islamisch geheiratet. Dann kamen sie nach Deutschland, wo sie beide eingebürgert wurden. Es war eine Familienehe. Der zu nahe Verwandtschaftsgrad führte zu zwei erfolglosen Schwangerschaften und dem Tod eines Kindes nach etwa einem Jahr. Der Mann will dies nicht wahrhaben. Die Frau beantragt die Scheidung. Im Verfahren erklärt der Mann dem Richter: „Ich erkenne die Gerichtsbarkeit nicht an. Die Ehe kann nur islamisch aufgelöst werden." Trotz der schließlich erfolgten rechtskräftigen deutschen Scheidung findet die Frau ihre Freiheit nicht und wendet sich an ein islamisches „Gericht" in Deutschland.

Die laizistische Rechtsordnung versagt letztlich dann, wenn sich das Publikum dieser Rechtsordnung nicht anschließt, sondern konservativ religiös verharrt. Es gilt zu erkennen, dass die deutsche Scheidung einen gläubigen Muslim nicht befriedigen kann und wird. Das hier zu erörternde Problem gilt daher praktisch für alle Ehen mit muslimischer Beteiligung.

e) Vorbereitung einer Antwort:

e1) Hier offenbart sich ein Grundproblem, das sich nicht aus der unterschiedlichen „Verfasstheit der Religionen", sondern, wie der Autor meint, unterschiedlichen Einstellung der Menschen, ergibt. Es kann bei der staatlichen zurückhaltenden Einstellung den Religionen gegenüber nicht behauptet werden, der Islam sei in dieser Frage konsequenter als etwa die römisch-katholische Kirche. Es geht um den Menschen! Und niemandem darf unterstellt werden, er nehme seine Religion weniger ernst als ein anderer.

e2) Die Konsequenz daraus hat zu sein, dass es kein rein islamisches Problem, sondern ein Problem unklarer staatlicher Regeln gegenüber den Religionen ist,

52 Es wird verschiedentlich argumentiert, dass sich aus der stattlichen Fürsorgepflicht Handlungsgebote ergeben, z.B: http://www.peterlang.com/download/datasheet/37720/datasheet_53679.pdf

was mit einer religiösen Ehe geschieht. Das ist völlig unabhängig davon, ob es sich um eine islamische oder christliche Ehe handelt. Auch wenn der Staat eine Ehe scheidet, ist damit die religiöse Ehe nicht beseitigt, auch nicht die durch Sakrament besiegelte christliche Ehe.[53] Hierzu ist festzuhalten, dass in der römisch-katholischen Kirche für Eheauflösungen nur die Kirche zuständig ist (Can. 1671 § 1).[54]

e3) Hier gebietet es die Klarheit, darauf hinzuweisen, dass es nur um die Fragen der Schließung und der Auflösung, nicht um die bürgerlich-rechtlichen Wirkungen der religiösen Ehe geht. Die religiöse Ehe ist jedoch nicht nur für den Islam und die römisch-katholische Ehe von Bedeutung. Es wäre zu weitgehend, dies hier zu belegen. Stattdessen muss auf weiterführende Literatur verwiesen werden.[55]

e4) Die geschiedenen Eheleute dürften kaum auf das Land der Eheschließung und dort zuständige Gerichte verwiesen werden können, wenn sie die islamische Ehe beseitigen wollen. In vielen Fällen werden sie eingebürgert sein und trotzdem den Bedarf nach einer islamischen Scheidung haben.

e5) Es ist noch ein weiteres Phänomen zu behandeln: Das des „Bewusstseins“[56]. Hierunter wird im Sinne dieser Abhandlung verstanden, wie sehr sich eine Person mit dem Familienstand identifiziert.[57] Es mag sein, dass sich der durch die europäischen Revolutionen von dem Einfluss der Kirche befreite Mensch weniger mit den Problemen der religiösen Ehe auseinandersetzt als der aus einem Land stammende Bürger, in dem es eine Staatsreligion gibt.[58] Jedoch verbietet sich eine Diskussion darüber.

---

53 Siehe dazu die Kirchensynode in Rom über die Stellung Geschiedener in der Kirche https://www.tagesschau.de/ausland/vatikan-familiensynode-103.html

54 http://www.codex-iuris-canonici.de/indexdt.htm (deutsche Fassung).

55 Wie z. B. *Prader, J.*, Das religiöse Eherecht der christlichen Kirchen, der Mohammedaner und der Juden unter besonderer Berücksichtigung der Staaten im Vorderen Orient. Frankfurt am Main, Alfred Metzner Verlag 1973. ISBN 3–7875-5241-3.

56 Der Autor merkt hier an, dass ihm kein besserer Begriff eingefallen ist.

57 http://www.gesetze-bayern.de/Content/Document/Y-300-Z-BECKRS-B-2015-N-12777?view=Print&AspxAutoDetectCookieSupport=1

58 Wenn heute schon darüber geforscht wird, ob die moderne Informationstechnik das Bewusstsein verändert, so muss diese Auswirkung auch bei der religiösen Befreiung durch die Revolutionen in Betracht gezogen werden: https://www.uni-trier.de/fileadmin/fb5/inst/IRP/BG_Einzeldokumente_ab_2010/BG_56/Vorabversion_BG56_04_Thimm.pdf

e6) Zwar fehlen statistische Zahlen, jedoch ist es allgemein bekannt, dass muslimische Deutsche, in Deutschland lebende Muslime oder mit Muslimen verheiratete Deutsche nach einer Scheidung durch das deutsche Gericht auch die islamische Scheidung anstreben. Meist geschieht dies durch den *talaq* in einem islamischen Zentrum. Das ist und bleibt aber Paralleljustiz, bei der des Öfteren deutsche Rechtsstandards missachtet, unterlaufen oder konterkariert werden.[59]

e7) Weigert sich aber der Mann, den *talaq* auszusprechen, um die Fälligkeit der Morgengabe zu vermeiden, bleibt der Frau nur der Weg des *khul* übrig. Will sie vor Allah wieder heiraten können, muss sie auf alles verzichten und vielleicht noch etwas zahlen. Das ist jedoch als unzulässige Ungleichheit im Zugang zum Recht abzulehnen. Das wird auch von der Rechtsprechung mit Recht als ungleicher Zugang zum Recht abgelehnt, der nun dem Gerichtshof der Europäischen Gemeinschaften zur Prüfung vorgelegt wurde.[60]

f) Der Rechtsimport:

f1) Europarecht: Bevor nun nach Lösungen gesucht wird, die dem deutschen Gesetzgeber zur Verfügung stehen, sollte bedacht werden, dass sich das deutsche Recht einem erheblichen Einfluss durch supranationales Recht und europäisches Nachbarrecht ausgesetzt sieht. Manches, was aus deutscher Sicht undenkbar erscheint, mag durch den Einfluss des grundsätzlich anzuerkennenden Rechts anderer Mitgliedstaaten in einem anderen Licht erscheinen.

Zum Vorlagebeschluss des OLG München wird wegen des Sachverhalts auf die Fundstellen verwiesen.[61] Es geht darin um Syrer, die darüber streiten, ob eine in Syrien nur mit Vollmacht erfolgte *talaq*-Scheidung in Deutschland anzuerkennen sei. Das OLG München will wissen:

- ob auf das Anerkennungsverfahren die ROM III VO[62] anzuwenden ist: Falls ja:

59 So eine am 09.12.2015 vom Berliner Justizsenator vorgestellte Studie von Prof. Dr. Mathias Rohe vom Erlanger Zentrum für Islam und Recht in Europa, einem Institut der Friedrich-Alexander Universität Erlangen-Nürnberg: https://www.berlin.de/sen/justv/presse/pressemitteilungen/2015 /pressemitteilung.419467.php

60 Vorlagebeschluss OLG München, 34. Zivilsenat, (34 Wx 146/14), http://www.gesetze-bayern.de/Content/Document/Y-300-Z-BECKRS-B-2015-N-12777?

61 Vorlagebeschluss OLG München, 34. Zivilsenat, (34 Wx 146/14), http://www.gesetze-bayern.de/Content/Document/Y-300-Z-BECKRS-B-2015-N-12777?

62 http://eur-lex.europa.eu/LexUriServ/LexUriServ.do?uri=OJ:L:2010:343:0010:0016:de:PDF

- ob dann auch Art. 10 der Rom III-VO[63] anzuwenden ist: Falls ja:
- ob abstrakt auf die Diskriminierung der Geschlechter im Zugang zum Recht abzustellen ist, oder
- ob es auf eine konkrete Diskriminierung ankommt; wenn dies der Fall ist,
- ob ein Einvernehmen des diskriminierten Ehegatten mit der Ehescheidung – auch in der Form der gebilligten Entgegennahme von Ausgleichsleistungen – bereits ein Grund ist, die Norm nicht anzuwenden?

Der Rechtsimport durch Rechtswahl:

Schließlich sollte nicht unerwähnt bleiben, dass ein mindestens ebenso bedeutender Rechtsimport über die Rechtswahl stattfinden wird.[64] Auch wenn Ausländer seit Jahren in Deutschland leben, können sie ihr gemeinsames Heimatrecht als Scheidungsstatut wählen. Das werden sie umso eher tun, je mehr es ihnen um Scheidungsgründe geht, die das deutsche Recht nicht kennt.

Dazu mag ein praktischer Fall dienen: Ein türkischer (muslimischer) Mann beklagt, er sei geschieden worden wegen – angeblicher – Homosexualität. Rechtslage: Nach Art. 5 Abs. 1 lit. c) ROM II VO können in Deutschland lebende Türken als Scheidungsstatut das türkische Recht wählen. Das türkische Recht sieht in Art. 163 NZG vor, dass Homosexualität als „unehrenhafter Lebenswandel" einen Scheidungsgrund der Zerrüttung darstellt. Zwar ist fraglich, ob das deutsche Gericht diese Norm wegen Art. 12 der ROM III VO (ordre public) wirklich anwenden muss. Der Verfasser meint, dass der ordre public nicht eingreifen kann, wenn gleichzeitig die Zerrüttung nach deutschem Recht besteht, jedoch kann dann auch Art. 13 ROM III VO[65] nicht angewendet werden (Nichtanwendungsverpflichtung), wenn die Scheidung nach deutschem Recht auszusprechen wäre.

63 Die Norm lautet: Artikel 10 Anwendung des Rechts des Staates des angerufenen Gerichts. Sieht das nach Artikel 5 oder Artikel 8 anzuwendende Recht eine Ehescheidung nicht vor oder gewährt es einem der Ehegatten aufgrund seiner Geschlechtszugehörigkeit keinen gleichberechtigten Zugang zur Ehescheidung oder Trennung ohne Auflösung des Ehebandes, so ist das Recht des Staates des angerufenen Gerichts anzuwenden.

64 Siehe dazu vom Autor *Rieck*, Möglichkeiten und Risiken der Rechtswahl bei der Gestaltung von Ehevereinbarungen, NJW 2014, S. 257 ff.

65 Artikel 13 Unterschiede beim nationalen Recht: Nach dieser Verordnung sind die Gerichte eines teilnehmenden Mitgliedstaats, nach dessen Recht die Ehescheidung nicht vorgesehen ist oder die betreffende Ehe für die Zwecke des Scheidungsverfahrens nicht als gültig angesehen wird, nicht verpflichtet, eine Ehescheidung in Anwendung dieser Verordnung auszusprechen.

Ergebnis:

Auch eindeutig diskriminierende Normen ausländischen Rechts können oder müssen in Deutschland angewendet werden, zumal dann, wenn das deutsche Recht der Religion keinerlei Bedeutung beimisst und nach deutschem, nicht diskriminierendem Recht dieselbe Entscheidung ergehen müsste.

Diskussion:

Es ist hier nicht auf alle Einzelheiten einzugehen, zumal die Entscheidung des EuGH nicht vorweggenommen werden kann. Für unsere Betrachtung geht es um die Frage, ob damit der *talaq* oder die „verabredete Scheidung" für das deutsche Recht auf dem Umweg über europäisches Recht zulässig werden sollen oder können. Bislang wurde die „Privatscheidung" nicht anerkannt, sondern allenfalls dann, wenn ein Gericht oder eine befugte staatliche Behörde des Auslands[66] mitgewirkt haben und die Scheidungsform den Gesetzen des betreffenden Landes entspricht. Deutsche durften in aller Regel nicht auf diese Scheidungsform ausweichen.

Der Autor versteht die Aufregung, die um die sogenannte Privatscheidung herrscht, auf dem Boden der deutschen Rechtswirklichkeit weniger. Auch in Deutschland bestehen die Scheidungsverfahren nach deutschem Recht nicht nur aus dicken Akten und jahrelangen Streiten. Legen die Ehegatten dem Gericht eine notariell beurkundete Scheidungsvereinbarung vor, in der alle Scheidungsfolgen plausibel[67] geregelt sind, und ist auch kein Versorgungsausgleich durchzuführen, ist die Scheidungsakte dünn und das Verfahren ist nach zwei oder höchstens drei Monaten beendet. Die Konventionalscheidung ist also dem deutschen Recht keineswegs fremd, findet aber ihre Grenzen dort, wo der Wille der Parteien nicht frei und unbeeinflusst ist. Allerdings wird die Konvention dogmatisch darauf reduziert, dass die Eheleute die Folgen regeln, die Feststellung des Scheiterns und der Scheidungsausspruch stets richterliche Hoheitsakte seien. Konstruktionen wie die der *khul*-Scheidung, bei denen sich eine Partei freikaufen muss, sind weiterhin mit dem deutschen Recht unvereinbar.[68] Das ist es Wert, hinterfragt zu werden.

---

66 Einen guten Überblick verschafft die Homepage des OLG Düsseldorf http://www.olg-duesseldorf.nrw.de/aufgaben/anerkennung_ausl__ehescheidungen/02_arten_scheidung/index.php

67 Das heißt, nicht sittenwidrig und nicht benachteiligend geregelt sind.

68 Was aber offenbar niemand stört, wenn diese Scheidung nach dortigem Recht im Ausland erfolgt.

Nun findet aber ein ständiger Kulturimport statt. Nicht nur türkische Gastarbeiterfamilien, sondern auch Flüchtlinge aus vielen fremden Ländern erweitern unser Spektrum. Das wird etwa offenkundig, wenn ausländische Urkunden oder Rechtsakte zu Grunde liegen, ausländisches Recht anzuwenden ist und deutsche Rechtsakte im Ausland anzuerkennen sind, um hinkende Verhältnisse zu vermeiden. Oder wenn es um den Familiennachzug geht. Bislang geht die deutsche Rechtsordnung abwehrend damit um. Allerdings wird dieses Heimwärtsstreben durch die Abschaffung der Rückverweisung in den europäischen Rechtsakten weitgehend beseitigt werden.[69]

f2) Rechte anderer EU Staaten: Das könnte sich aber auch durch den Rechtsimport ändern, der über die innereuropäische Freizügigkeit stattfindet. Wir haben anzuerkennen,[70] was in anderen EU-Staaten gültig ist. Denken wir dabei an Staaten mit einer reichen kolonialen Vergangenheit wie das Vereinigte Königreich, Frankreich, Spanien, Portugal oder die Niederlande. Dieser Kultur- und Rechtsimport muss zur Folge haben, dass wir uns nicht verschließen können, sondern uns anzupassen haben werden. Bevor wir also zu den Vorschlägen für Antworten kommen, ist es ratsam, die Entwicklungen in anderen europäischen Ländern zu beobachten.

f3) Italien: Seit dem 11.11.2014 gilt in Italien das Gesetz Nr. 132 vom 12.9.2014 über das Verfahren der einvernehmlichen Trennung und Auflösung der Ehe.[71] Für uns ist daraus festzuhalten, dass die Ehegatten die Auflösung ihrer Ehe vor dem Standesbeamten erklären können, wenn es keine Kinder gibt und keine Scheidungsfolgen zu regeln sind, **oder** wenn sie unter dem Beistand von Anwälten ihre Scheidungsfolgen einschließlich des Sorgerechts für Kinder in einer Scheidungsvereinbarung regeln, die dann mit der Registrierung wirksam wird, sofern die stets zur Prüfung einzuschaltende Staatsanwaltschaft keine Einwendungen erhebt.

Wenn die Eheleute eine Rechtswahl treffen, werden sich deutsche Gerichte über die ROM III VO damit zu befassen haben. Es geht hier nicht um die Frage, ob das

---

69 Bestreben der Gerichte, auch im Fall einer Auslandsberührung möglichst zur Anwendung eigenen Rechts zu kommen, z. B. durch Abbrechen der Verweisungskette im Fall einer Rückverweisung beim eigenen Recht: http://www.rechtslexikon.net/d/heimw%C3%A4rtsstreben/heimw%C3%A4rtsstreben.htm

70 Siehe dazu grundlegend: http://www.europarl.europa.eu/brussels/website/content/modul_05/start.html#03

71 Siehe zu den Einzelheiten *Cubeddu Wiedemann, M. G.*, FamRZ 2015, S. 1253 ff.

dann so in Deutschland durchgeführt werden muss oder kann, sondern es geht darum, dass jedenfalls die so in Italien erfolgte Scheidung anzuerkennen ist.[72]

Dennoch:

Auch in Italien ist diese Scheidungsreform auf das staatliche Recht beschränkt. Der folgende Fall lässt sich damit nicht legitimieren – noch nicht:

Eine syrische Flüchtlingsfamilie landet in Lampedusa an. Alsbald, vor Ablauf eines Jahres, erklärt der Mann in dem nächsten islamischen Zentrum in Syrakus den *talaq*. Nach Art. 31 DIP ist auf den Scheidungsantrag das gemeinsame Heimatrecht anzuwenden, also hier das syrische Recht, weil man bei noch nicht anerkannten Flüchtlingen nicht vom gewöhnlichen Aufenthalt ausgehen kann. Dennoch wird diese Scheidung nicht gültig sein, weil das Verfahren des neuen Rechts nicht eingehalten wurde.

Was wäre aber, wenn die Syrer lange genug im Land gewesen und das Verfahren eingehalten hätten? Und was wäre, wenn die Flüchtlinge die Anwendung syrischen Rechts vereinbart hätten? Sind die neuen italienischen Regeln nur materiellen oder auch formellen Inhalts?

Wir können das nicht abschließend lösen, müssen aber bedenken, dass über das europäische Recht Verfahren Eingang in unser Rechtsleben finden werden, die bei uns verpönt sind.

f4) Spanien: Auch Spanien kennt seit dem 27.7.2015 die einverständliche Scheidung, wenn die Eheleute keine minderjährigen Kinder (mehr) haben. Es genügt ein Vertrag, der vor dem Justizsekretär oder dem Notar zu beurkunden ist (Art. 90 CC).[73]

f5) Niederlande: Auch die Niederlande diskutieren die einvernehmliche Scheidung vor dem Standesbeamten. Die Gesetzesentwürfe sind aber noch nicht verabschiedet.[74]

f6) Griechenland: Weitgehend unbemerkt ist auch, dass Griechenland der einzige EU-Mitgliedstaat ist, der ein interreligiöses Statut für die Muslime kennt.[75] In dem östlichen Landesteil Thrakien gilt muslimisches Familienrecht, allerdings mit der Maßgabe, dass die Scheidung nur im Gericht erklärt werden kann.

---

72 Jedoch noch zweifelnd *Cubeddu Wiedemann*, a. a. O.

73 *Henrich, D.*, FamRZ 2015, S. 1572,73.

74 *Boele-Woelki, K.*, FamRZ 2015, S. 1554 ff.

75 Statt vieler *Gärtner, V.*, Die Privatscheidung im deutschen und gemeinschaftlichen Internationalen Privat- und Verfahrensrecht. Außergerichtliche Ehescheidungen im Spannungsfeld von kultureller Diversität und Integration. Mohr Siebeck, Tübingen 2008, S. 19.

3. Deduktion und Vorschläge für eine Lösung

Diese – unvollständigen und nur rudimentären – Hinweise auf Probleme, die sich aus dem Zusammentreffen von Islam und dem deutschen Personenstandsrecht ergeben können, legen offen, dass das staatliche Recht vor dem islamischen Anspruch der allumfassenden Geltung unbefriedigende Lücken zurücklässt. Folgende Überlegungen können Hinweise für eine Schließung der Lücken geben:

a) Die Aufhebung des Verbots der religiösen Eheschließung ohne vorhergehende standesamtliche Eheschließung führt zu Parallelgesellschaften, die sich dem staatlichen Recht entziehen. Man könnte dies zwar einfach gesetzlich korrigieren, jedoch wäre damit im Ergebnis nicht geholfen, weil das Grundproblem der fehlenden staatlichen Gewalt über die Aufhebung religiöser Ehen nicht behoben wäre. Das oben geschilderte Modell Griechenlands[76] wäre zwar hilfreich, jedoch müsste das dann für alle Religionen gelten. Außerdem müsste dann bei rein religiösen Ehen von gültigen Ehen ausgegangen werden dürfen.
b) Der Bildung von Parallelgesellschaften auf dem Gebiet des Eherechts wäre wohl auch mit einem Gesetz zur Regelung der nichtehelichen Gemeinschaften nicht vollständig abgeholfen. Zwar wäre eine unerträgliche Quelle der Ungleichbehandlung zumindest in den Wirkungen der nichtehelichen Gemeinschaften beseitigt, jedoch wären gerade die religiösen Ehen davon ausgenommen. Eine Lösung durch ein solches Gesetz gäbe es nur, wenn das Gesetz auch die gerichtliche Auflösung der Gemeinschaften und mit ihnen auch ihrer „Bündnisse der Eingehung, seien sie kirchlich oder sonst begründet", aufheben würde. Davon abgesehen wäre es in Zeiten zunehmender Anzahl nichtehelicher Familien wünschenswert, dass der Staat die nichtehelichen Verhältnisse gesetzlich regelt.
c) Auch die staatliche Ehescheidung lässt die religiöse Ehe wegen der Trennung von Kirche und Staat unberührt. Das führt vor allem bei dem Geltungsanspruch des Islam zu unbefriedigenden Ergebnissen, denn der ungleiche Zugang der Geschlechter zum Recht der Scheidung im Islam verstößt gegen das deutsche Grundgesetz und die europäische Grundrechtscharta. Es ist zu bezweifeln, dass der Islam aus sich selbst heraus heute fähig ist, dies in nächster Zeit zu ändern. Schließlich ist daran zu denken, Instrumente zu schaffen, damit Ehen auch als nur religiöse Ehen grundrechtskonform

76 Nämlich, dass religiöse Ehen nur durch staatliche Gerichte aufgelöst werden können (Fn. 66).

aufgelöst werden können. Die Zeiten haben sich geändert, und es erscheint weder undenkbar noch verwegen zu fordern, dass neue Kirchenverträge geschlossen werden.

d) Der Rechtsimport führt dazu, dass mehr und mehr der Parteiautonomie und dem Konsensprinzip Vorrang zu geben ist. Es erscheint fraglich, ob es noch zeitgemäß ist, in demselben Maße in dem staatlichen Gewaltmonopol zu verharren wie dies in der Vergangenheit der Fall war. Der Rechtsimport muss nämlich nicht nur zu inhaltlich unbefriedigenden Auseinandersetzungen (Homosexualität als Scheidungsgrund) führen, sondern er kann auch neue Wege eröffnen, die dem deutschen Gesetzgeber bisher undenkbar erschienen. Jedenfalls gibt es genügend Belege dafür, dass die Konventionalscheidung auf dem Vormarsch ist. Was spricht aber dann gegen den *talaq*, außer dass er mit dem ungleichen Zugang zum Recht verbunden ist? Vermögen die Muslime diese Ungleichheit nicht zu beseitigen, wird der Staat eingreifen müssen.

e) Es hat den Anschein, als stünden viele andere Staaten vor gleichen Fragen. Es ist auch daran zu denken, dass Instrumente auf supranationaler Ebene geschaffen werden. Denn Konventionen der UN finden auch Eingang in die islamische Welt, mag auch deren Umsetzung nicht gewährleistet sein. Beispiele hierfür sind die UN Frauenkonvention[77] und die Kinderrechtekonvention[78].

4. Abschluss

Wer es mit der Gleichheit der Rechte ernst meint, wird nicht umhinkommen, nicht nur die Gleichbehandlung aller Religionen durch den Staat zu fordern, sondern auch, dass die Religionen die Gesetze der Staaten anerkennen. Hier wird man erkennen müssen, dass der ungleiche Zugang der Geschlechter zum Recht im Islam ein zu beseitigendes Problem darstellt. Auch muss Vorkehrung dagegen getroffen werden, dass unbegrenzt religiöse Ehen angehäuft werden können, was derzeit mangels einer Registrierung ohne weiteres möglich ist.

---

77 https://treaties.un.org/Pages/ViewDetails.aspx?src=TREATY&mtdsg_no=IV-8&chapter=4ich&lang=en

78 http://www.bmfsfj.de/RedaktionBMFSFJ/Broschuerenstelle/Pdf-Anlagen/_C3_9Cbereinkommen-_C3_BCber-die-Rechte-des-Kindes,property=pdf,bereich=bmfsfj,sprache=de,rwb=true.pdf

Hans-Georg Ebert, Leipzig

Die „private" islamische Eheschließung, ihre Folgen und Herausforderungen

1. Einleitung

In vielen Ländern mit mehrheitlich muslimischer Bevölkerung, zunehmend aber auch durch wachsende Migrationsströme außerhalb der islamischen Welt, tritt ein Phänomen zutage, welches noch im vergangenen Jahrhundert eher als marginal eingeschätzt worden ist: die „private" islamische Eheschließung. Der Zerfall staatlicher hoheitlicher Gewalt in mehreren arabischen Ländern im Ergebnis des sog. Arabischen Frühlings hat diese Problematik noch verstärkt und ihr einige neue Facetten hinzugefügt. Der Begriff „private" islamische Eheschließung bedarf einer Vorbemerkung. Es geht um die bewusste oder unbewusste, erzwungene oder freiwillige Vermeidung einer amtlichen Mitwirkung im Eheschließungsverfahren, d.h. um eines von drei Strukturelementen, die den Ehebegriff in Deutschland kennzeichnen.[1] Die damit im Zusammenhang stehenden Fragen beschränken sich nicht nur auf die rechtliche Qualifizierung einer solchen Verbindung, sondern erstrecken sich auch auf deren soziale und geschlechtsspezifische Folgen. Selbstverständlich können nicht alle islamischen Länder einbezogen werden. So richtet sich der Blick vor allem auf Ägypten, weil das Land mit dieser Problematik schon seit vielen Jahren befasst ist. Im Übrigen sind solche „privaten" Eheschließungen keine ausnahmslos islamische Erscheinung[2], werden aber im Folgenden darauf reduziert.

2. Die Eheschließung im Islamischen Recht

2.1. Die „klassische" Lehre

Aus Koran (24:32–33) und verschiedenen Überlieferungen lässt sich zwar eine allgemeine Empfehlung zur Ehe ableiten, die als Basis zwischenmenschlicher

---

1 Vgl. *Davy, U. u. Çınar, D.*, Deutschland. In: Davy, U. (Hg.), Die Integration von Einwanderern. Rechtliche Regelungen im europäischen Vergleich. Frankfurt, New York 2001, S. 285.

2 *Zweigert, K. u. Kötz, H.*, Einführung in die Rechtsvergleichung auf dem Gebiete des Privatrechts. Tübingen 1996, 3. neubearbeitete Aufl., S. 312.

Beziehungen vor allem der Erzeugung einer legitimen Nachkommenschaft, der Befriedigung der sexuellen Bedürfnisse beider Partner und der wirtschaftlichen Versorgung der Frau dienen soll (vgl. Koran 30:21). Jedoch liegt nur dann eine pflichtgemäße Handlung vor, wenn ohne eine solche Eheschließung Unzucht (*az-zinā*) zu befürchten wäre. Die Ehe (*an-nikāḥ* oder *az-zawāǧ*) ist gemäß Islamischem Recht ein zivilrechtlicher Vertrag, der durch Angebot (*al-īǧāb*) und Annahme (*al-qabūl*) zustande kommt. Diese beiden Säulen (*ar-ruknān*) werden durch weitere Bedingungen (*aš-šurūṭ*) ergänzt, nämlich das Einverständnis der beiden Ehepartner (*riḍā az-zauǧain*), die Mitwirkung des Vormundes (*al-walī*), das Zeugnis (*aš-šahāda*) zweier Muslime (bzw. eines Muslims und zweier Musliminnen) sowie das Fehlen von Hinderungsgründen (*al-mawāni'*; etwa: Verwandtschaft) in Bezug auf beide Partner.[3] Die *sunnitischen* Rechtsschulen und die 12er *schiitische* Interpretation unterscheiden sich in der Anerkennung und Umsetzung einzelner Bedingungen. So gilt bei den *Schiiten* die Mitwirkung der beiden Zeugen als verzichtbar. Die *Mālikiten* qualifizieren die Brautgabe (*al-mahr*) nicht als Rechtsfolge, sondern als Wirksamkeitsvoraussetzung des Ehevertrages (Sg. *'aqd an-nikāḥ*). Die Eheverträge in schriftlicher Form enthalten zumeist keine weiterführenden Klauseln, obgleich zusätzliche freiwillige Bedingungen, z. B. zur Arbeitserlaubnis der Frau oder zur Verstoßung, vereinbart werden dürfen. Sie sind daher eher als Trauscheine zu bezeichnen.[4] Abgesehen von der empfohlenen Durchführung eines Festessens finden sich in der Rechtsliteratur nur wenige Hinweise auf die üblicherweise erfolgenden Zeremonien der Eheschließung.

2.2. Veränderungen und Anpassungen

In der „klassischen" islamischen Rechtslehre gibt es keine Verpflichtung zur amtlichen oder gerichtlichen Beurkundung (*at-tauṯīq*), Registrierung (*at-tasǧīl*), Bestätigung (*at-taṯbīt*) oder Eintragung (*at-tarsīm*) von Eheverträgen. Die Begriffe *at-taqyīd* (Eintragung), *at-taṣdīq* (Beglaubigung) und *at-tadwīn* (Niederschrift) werden in diesem Zusammenhang eher selten verwendet. Mit der Schaffung staatlicher Strukturen im Verlaufe der islamischen Geschichte veränderten sich isla-

---

3 Vgl. die in Kuwait erschienene Fiqh-Enzyklopädie unter der URL http://feqh.al-islam.com/Page.aspx?pageid=271&BookID=136&PID=36&SubjectID=10788 (zuletzt abgerufen: 02.02.2016). Hinsichtlich der Umsetzung dieser Prinzipien in den Rechtsordnungen islamischer Länder siehe *Nasir, J. J.*, The Islamic Law of Personal Status. Third Edition. The Hague, London, New York 2002, S. 44–82 und *Ebert, H.-G.*, Das Personalstatut arabischer Länder. Problemfelder, Methoden, Perspektiven. Frankfurt am Main u. a. 1996, S. 89–108.

4 *Yassari, N.*, Die Brautgabe im Familienvermögensrecht. Tübingen 2014, S. 110–120.

mische Regelungen insofern, als dass sie an amtliche Ausführungsverordnungen geknüpft oder aber – seit Ende des 19. Jh. – auch in kodifizierter Form Bestandteil nationaler Rechtsordnungen geworden sind. Zahlreiche muslimische Rechts- und Religionsgelehrte (keineswegs jedoch übereinstimmend alle) befürworten heute eine Beurkundungspflicht bei Eheverträgen und begründen dies mit dem Wohl (*al-maṣlaḥa*) und dem Nutzen (*al-manfa'a*) für die Eheleute.[5] Sie berufen sich auch auf den *ḥanbalitischen* Gelehrten Ibn Taimīya (gest. 1328), der nicht selten als Kronzeuge islamistischer Auffassungen gilt. Seine Auffassung, wonach ein heimlich geschlossener und nicht bezeugter Ehevertrag als nichtig (*bāṭil*) zu bewerten sei und als Unzucht (*as-sifāḥ*) interpretiert werden müsse, trifft zwar den Kern des Problems nicht direkt, aber zumindest indirekt lassen sich Hinweise auf die Wirkung nicht registrierter Eheverträge ableiten.[6]

Der Eingriff des Staates in das Verfahren der Eheschließung setzt selbstverständlich voraus, dass ein funktionierendes Personenstandswesen (*al-aḥwāl al-madanīya;* franz. *état civil*) überhaupt existiert. Dies war bis zur Mitte des 20. Jh. in den meisten arabischen Ländern nicht der Fall. In den christlich geprägten europäischen Staaten konnte das Personenstandswesen an die bereits seit der frühen Neuzeit geführten Kirchenbücher anknüpfen. Die dafür notwendige zentralistische Struktur einer Kirche ist dem Islam fremd. So verwundert es nicht, dass die Beurkundung von Eheverträgen besonders in ländlichen Gebieten der islamischen Welt, in denen bis heute geringe Bildungsmöglichkeiten bestehen, (noch) nicht als wichtiges Element der Eheschließung wahrgenommen wird. Dies bedeutet freilich nicht, dass eine amtliche Mitwirkung am Eheschließungsverfahren generell aus Unkenntnis heraus unterbleibt. Vielmehr sind unterschiedliche Ursachen und Motive zu unterscheiden.

2.3. Die *'urfī*-Ehe und die Imam-Ehe

Die nicht amtlich oder gerichtlich registrierte Ehe wird in der arabischen Welt zumeist als *'urfī*-Ehe (gewohnheitsrechtliche Ehe) bezeichnet.[7] Es liegen keine genauen Zahlen vor, wie viele solche Partnerschaften bestehen. Schätzungen gehen allein in Ägypten von über 700.000 existierenden *'urfī*-Ehen aus. Jedes Jahr würden 400.000 Ehen ohne Registrierung geschlossen.[8] Nachprüfbar sind

---

5 Vgl. die URL http://scharee.com/?p=2846 (zuletzt abgerufen: 04.02.2016).

6 Fatāwā al-kubrā li-l-Imām Ibn Taimīya. Bairūt 1987, S. 274 (Frage 8–545).

7 Auch andere Bezeichnungen werden üblicherweise benutzt, so in Algerien „az-zawāǧ 'alā sunnat rasūl Allāh“.

8 *Jacobs, A. u. Metzler, F.*, Wilde Ehe auf Ägyptisch. KAS-Länderberichte Januar 2008, S. 2. Im Internet unter der URL http://www.kas.de/wf/doc/kas_12726-544-1-30.pdf

solche Zahlen zwar nicht, aber sie deuten auf ein gesellschaftliches Problem hin, welches mit vielfältigen Schwierigkeiten verbunden ist. Die ökonomische Situation in den arabischen Ländern zwingt viele Männer, nach einem Ausweg aus einer kostspieligen Eheschließung zu suchen. Aber auch Frauen und Mädchen aus sozial benachteiligten Schichten hoffen, mit einer solchen *ʿurfī*-Ehe zumindest zeitweise einer Notlage zu entgehen und ihre Familien zu unterstützen. In beiden Fällen kann ein Auslandsbezug vorliegen, so durch eine Verbindung mit einer ausländischen Frau bzw. mit einem vermögenden ausländischen Mann, sehr oft aus den Golfstaaten. Dies geschieht mit oder ohne Wissen der Familien. Bisweilen soll die *ʿurfī*-Ehe die Zeit bis zur staatlich registrierten Ehe mit ihren finanziellen Erfordernissen (Wohnung, Brautgabe, Geschenke usw.) überbrücken. Auch Witwen von verstorbenen Armeeangehörigen sichern sich auf diese Weise die Bewahrung ihrer Pensionsansprüche, die sie bei einer erneuten staatlich registrierten Eheschließung verlieren würden.[9] Neben sozial-ökonomischen Aspekten tritt eine vorherrschende Sexualmoral, die von islamischen Vorstellungen der Unzucht (*az-zinā*), der Jungfräulichkeit (*al-bikr*) und Toleranz gegenüber einer Eheschließung vor Erlangung des gesetzlichen Mindestalters geprägt ist.[10] Verstöße gegen das Gebot der Jungfräulichkeit vor dem Vollzug der Ehe werden gesellschaftlich geächtet, so dass eine *ʿurfī*-Ehe zumindest einen äußeren Schein von Legitimität vor dem (nicht-jungfräulichen) Eingehen einer registrierten Ehe bietet. Besonders unter jungen Menschen, so an Universitäten und Schulen, sind solche Ehen populär, denn sie ermöglichen eine zumindest tolerierte Partnerschaft. Schließlich sei auf die Polygenie (*taʿaddud az-zauǧāt*) verwiesen, die in den meisten Ländern der islamischen Welt eingeschränkt oder verboten (Tunesien, Türkei) ist und durch eine *ʿurfī*-Ehe relativ einfach umgangen werden kann. Wie unterschiedlich muslimische Gelehrte die *ʿurfī*-Ehe bewerten, zeigen die Äußerungen der höchsten Vertreter der Azhar-Universität von Kairo. So hat sich der Azhar-Šaiḫ Ǧād al-Ḥaqq ʿAlī Ǧād al-Ḥaqq (gest. 1996) im Jahre 1978 – damals noch als Mufti von Ägypten – in einem Rechtsgutachten dahingehend geäußert,

---

(zuletzt abgerufen: 04.02.2016) verfügbar. Für das Jahr 2006 wird eine Zahl von 506.000 staatlich registrierter Ehen gegenübergestellt. Vgl. auch die URL: http://www.spiegel.de/panorama/gesellschaft/urfi-ehen-in-aegypten-hochzeit-light-stuerzt-zehntausende-ins-unglueck-a-548221.html (zuletzt abgerufen: 04.02.2016).

9 Vgl., *Jacobs, A. u. Metzler, F.*, Wilde Ehe…, a. a. O., S. 1.

10 *Dupret, B.*, What is Plural in the Law? A Praxiological answer. In: Le shaykh et le procureur. Sous la direction de B. Dupret et F. Burgat, Égypte/Mondes Arabe, Troisième série, Paris 1/2005, S. 176. Im Internet unter der URL https://ema.revues.org/1869 (zuletzt abgerufen: 05.02.2016) verfügbar.

dass die *'urfī*-Ehe wirksam (*ṣaḥīḥ*) sei.[11] Dagegen erklärten der Azhar-Šaiḫ Saiyid Ṭanṭāwī (gest. 2010) und der ehemalige Mufti von Ägypten 'Alī Ǧum'a eine ohne amtliche Mitwirkung zustande gekommene Ehe für unzulässig.[12]

Die Reformen von Mustafa Kemal Atatürk (gest. 1938) haben das Eherecht in der Türkei fundamental verändert. Die offizielle Ehe (*resmî nikâh*), d.h. die staatlich beurkundete Ehe mit zahlreichen Formerfordernissen, wurde mit dem Zivilgesetzbuch von 1926, welches schweizerischem Recht folgt, eingeführt und damit die traditionelle islamische Eheschließung unter Mitwirkung des Imams (Imam-Ehe, *imam nikâhı*) für verboten erklärt und strafrechtlich sanktioniert.[13] Diese Umstellung vollzog sich angesichts der bestehenden sozialen Verhältnisse, des Bildungsstandes und der religiösen Verbundenheit von großen Teilen der Bevölkerung keineswegs problemlos. So wurden zwischen 1933 und 1991 sieben Amnestiegesetze erlassen, die die nachträgliche Legitimation von Kindern aus solchen Ehen ermöglichten.[14] Bis heute sind Imam-Ehen auf dem Lande (besonders in Ost-Anatolien) verbreitet, auch wenn ihre Zahl beträchtlich zurückgegangen ist. Ein Phänomen der jüngeren Zeit ist die Nutzung dieser Eheform zur Umgehung des Verbotes einer Mehrehe. Dies geschieht auch über Ländergrenzen hinweg oder im Ausland selbst. Über die diesbezüglichen Folgen wird an anderer Stelle dieses Aufsatzes zurückzukommen sein.

2.4. Besondere Eheformen im islamischen Kontext

Das islamische Eherecht unterscheidet sich aufgrund von Koranversen und Überlieferungstexten nachhaltig von vorislamischen Praktiken. Die Veränderungen beziehen sich auch auf die Überwindung einer Kaufehe, die offenbar im vorislamischen Arabien praktiziert worden ist. Einzelne Elemente der islamischen Eheschließung (Angebot-Annahme, Brautgabe) lassen auf eine Verbindung zur Kaufehe schließen, ohne allerdings die neue Qualität der islamischen Ehe infrage

---

11 *Al-Qāsim, A. M.*, Ṣuwar istiġlāl ar-raǧul li-l-mar'a bi-z-zawāǧ (26.05.2009). Im Internet unter der URL http://www.albawaba.com/ar (zuletzt abgerufen: 05.02.2016) verfügbar.

12 Vgl. die URL http://www.yasour.org/news.php?go=fullnews&newsid=5346 (zuletzt abgerufen: 05.02.2016).

13 *Öztan, B.*, Entwicklungen im türkischen Eherecht. In: Breitschmid, P. u. Ansay, T. (Hrsg.), 100 Jahre Schweizerisches ZGB. 80 Jahre Türkisches ZGB. Konvergenzen und Divergenzen. Berlin 2008, S. 48–50.

14 *Hepperle, U.*, Die Stellung der Frau im islamisch-sunnitischen und römisch-katholischen Eherecht. Ein Rechtsvergleich. Münster 2006, S. 79–80. Die Amnestiegesetze wurden 1933, 1945, 1950, 1956, 1965, 1974 und 1991 erlassen.

zu stellen.[15] Bestimmte vorislamische Eheformen wurden mehr oder weniger direkt islamisch-rechtlich verboten, so die *šiġār*-Ehe, bei der ein Mann seine Tochter (bzw. eine andere Verwandte) unter der Maßgabe an einen anderen Mann verheiratet, dass dieser mit seiner Tochter (bzw. mit einer anderen Verwandten) in derselben Weise verfährt. So kommt es praktisch zu einem gegenseitigen Verzicht der Brautgabe. Die von 'Abdullāh Ibn 'Umar (gest. 693) überlieferte Tradition, nach der der Prophet diese Eheform untersagt habe, wird in den Sammlungen von al-Buḫārī (gest. 870) und Muslim Nīsābūrī (gest. 875) übereinstimmend erwähnt.[16] Die *šiġār*-Ehe ist bis heute in einigen islamischen Gebieten, so in Afghanistan, üblich und kann auch bei einem offiziellen Verbot relativ leicht umgangen werden, indem die Frauen durch ihre Familien zu einem gegenseitigen Verzicht auf die Brautgabe gedrängt werden.

Die muslimischen Rechts- und Religionsgelehrten bewerten eine Eheschließung nach einer dreifachen Verstoßung, die als eine zwischenzeitliche Ehe dazu dient, das Eheverbot aufzuheben (*zawāǧ at-taḥlīl*), unterschiedlich. *Mālikiten* und *Ḥanbaliten* anerkennen insgesamt die Fehlerhaftigkeit (*al-fasād*) einer solchen Ehe. Die übrigen *sunnitischen* und *schiitischen* Auffassungen gehen davon aus, dass die *taḥlīl*-Ehe wirksam ist, es sei denn, sie wird unter der Bedingung ihrer Auflösung geschlossen. In einem solchen Falle ist nach Meinung der *Šāfi'iten* und eines Teils der *Ḥanafiten* (Abū Yūsuf; gest. 798) keine Wirksamkeit gegeben. Unabhängig davon gilt eine solche Ehe als verpönt. In einer Überlieferung habe Allāh beide Partner einer solchen Ehe verflucht.[17] Auf die Erwähnung weiterer, aus vorislamischer Zeit stammender Eheformen soll in diesem Aufsatz verzichtet werden.[18]

---

15 Vgl. *Krüger, H.*, Beharrung und Entwicklung im islamischen Rechtsbereich (unter besonderer Berücksichtigung des ehelichen Vermögensrechts). In: Internationales Familienrecht für das 21. Jahrhundert. Symposium zum 65. Geburtstag von U. Spellenberg. Herausgegeben von R. Freitag, S. Leible, H. Sippel, U. Wanitzek, München 2006, S. 189–199, *Nagel, T.*, Mohammed: Zwanzig Kapitel über den Propheten der Muslime. München 2010, S. 182.

16 Muḫtaṣar ṣaḥīḥ al-Buḫārī. Bairūt 2003, S. 418, Muḫtaṣar ṣaḥīḥ Muslim. Bairūt 2003, S. 209.

17 *Šalabī, M. M.*, Aḥkām al-usra fi-l-islām. Bairūt 1983, 4. Aufl., S. 531–535. Zur Überlieferungsgeschichte dieser Tradition vgl. die URL: http://www.ajurry.com/vb/showthread.php?t=3469 (zuletzt abgerufen: 09.02.2016).

18 Vgl. statt aller die Aufstellung von A. M. al-Qāsim. Im Internet unter der URL http://www.ahewar.org/debat/show.art.asp?aid=155562 (zuletzt abgerufen: 09.02.2016) verfügbar.

Die Befristung eines Ehevertrages ist nach *sunnitischer* Lehre nicht zulässig. Lediglich die *Schiiten* halten an der vermutlich auch in der Frühzeit des Islams praktizierten Zeitehe oder Genussehe (*nikāḥ al-mut'a*; pers. *ṣīġeh*) fest und führen diese auf Koran 4:24 zurück. *Sunniten* und *Schiiten* legen den Zeitpunkt des Verbotes der *mut'a*-Ehe weitgehend übereinstimmend in die Phase der sog. rechtgeleiteten Kalifen, so dass aus der unterschiedlichen Bewertung dieser Herrschaft auch eine unterschiedliche Bewertung des Verbotes resultiert.[19] Nach der „klassischen“ 12er *schiitischen* Lehre bewirkt die Zeitehe keine gegenseitigen Unterhalts- und Erbansprüche. Zeugen oder Rechtsgelehrte sind nicht zwingend erforderlich, vorausgesetzt, dass keine Zweifel an der Anwendung der Normen bestehen. Nach dem vereinbarten Fristablauf, d. h. nach einer Zeitspanne zwischen einer Stunde und 99 Jahren, endet die Zeitehe. Eine frühere Auflösung ist durch eine Abstandszahlung des Mannes möglich. Eine solche Ehe konnte neben den vier zulässigen Ehen eines Mannes geschlossen werden. Angehörige von Buchreligionen durften nach 12er *schiitischer* Auffassung nur in dieser Form geehelicht werden. In der heutigen Zeit sind einige dieser Bestimmungen nicht mehr anwendbar. Das betrifft vor allem die Eheschließung mit Christinnen, die Unterhalts- und Erbberechtigung, die Anzahl der Ehen und die Mitwirkung eines Gelehrten.[20] In der islamischen Welt wird lediglich in Iran eine solche Zeitehe gesetzlich geregelt. Im iranischen Zivilgesetzbuch, welches in den Jahren 1928 bis 1935 erlassen wurde, ist sie in den §§ 1075 bis 1077 verankert.[21] In einigen *schiitisch*-geprägten Regionen (Libanon, Bahrain, Irak, Afghanistan, Pakistan) ist die Zeitehe gerade dann von Bedeutung, wenn Krisenzeiten eine andere Eheschließung erschweren oder verhindern.[22] *Schiitische* Gelehrte, so der Theologe Murtaḍā Muṭahharī (gest. 1979), haben sich durchaus positiv in Bezug auf die Möglichkeiten der Ehe auf Zeit geäußert, um Probleme von jungen Menschen, die noch keine dauerhafte Ehe eingehen können oder wollen, zu lösen.[23]

---

19 Zu den entsprechenden Traditionen bei al-Buḫārī und Muslim siehe Muḫtaṣar ṣaḥīḥ al-Buḫārī. A.a.O., S. 418, und Muḫtaṣar ṣaḥīḥ Muslim. A.a.O., S. 209–210.

20 Vgl. *Ebert, H.-G. u. Heilen, J.*, Islamisches Recht. Ein Lehrbuch. Leipzig 2016, S. 152. Siehe auch *Ende, W.*, Ehe auf Zeit (*mut'a*) in der innerislamischen Diskussion der Gegenwart. In: Die Welt des Islams (WI) N.S., Berlin 20(1980)1–2, S. 1–43. Im Internet unter der URL: http://www.freidok.uni-freiburg.de/volltexte/3267/pdf/Ende_Ehe_auf_Zeit.pdf (zuletzt abgerufen: 12.11.2015) verfügbar.

21 *Enayat, M.*, Iran. In: Bergmann/Ferid/Henrich, Internationales Ehe- und Familienrecht, Frankfurt am Main, Berlin September 2004, 158. Lfg., S. 123.

22 *Rosiny, S.*, Libanon: Sexualität im Diskurs schiitischer Islamisten. In: INAMO, Berlin 19/1990, S. 11–12.

23 *Muṭahharī, M.*, The Rights of Women in Islam. Tehran 1981, S. 30–31.

Obgleich viele *Sunniten* die Ehe auf Zeit als eine Form der Prostitution ablehnen und in der Zeitehe eine Möglichkeit sehen, die *Schiiten* moralisch zu diskreditieren, haben sich in den letzten Jahren zahlreiche Eheformen herauskristallisiert, die den eigentlichen Zielen der Ehe (s. o.) widersprechen und oft nicht auf Dauer ausgelegt sind. Diese Eheformen lassen sich zwar nicht grundsätzlich als *ʿurfī*-Ehen oder Imam-Ehen bewerten. In vielen Fällen wird aber eine amtliche oder gerichtliche Mitwirkung absichtlich vermieden. Im Folgenden sollen einige Beispiele genannt werden.

Eine *misyār*-Ehe („Besuchsehe") liegt vor, wenn die Frau auf die Unterhaltspflichten des Ehemannes verzichtet und ein eheliches Zusammenleben nicht angestrebt wird. Obwohl von der Theorie her eine vermögende Frau damit einen unvermögenden Mann ehelichen kann, geht es in den Ländern, in denen diese Form verbreitet ist (u. a. Ägypten, Saudi-Arabien, Syrien), neben der Kostenersparnis (Hochzeit, Brautgabe, Wohnung) vor allem um die rechtlich-legitimierte Aufnahme sexueller Beziehungen.[24] Dass sich daraus auch ein Sex-Tourismus von Männern aus reichen Ländern (etwa den Golfländer) in die armen arabischen Länder mit negativen Auswirkungen für die zurückgelassenen Frauen entwickeln kann, liegt auf der Hand. Familien sind bisweilen bereit, gegen Geschenke und Versprechungen ihre Töchter in solche Ehen zu drängen. Ähnliche negative Auswirkungen betreffen sog. Sommerehen (Sg. *az-zawāǧ aṣ-ṣaifī*), Tourismus-Ehen (Sg. *az-zawāǧ as-siyāḥī*) oder Reiseehen (Sg. *zawāǧ al-misfār*), bei denen nicht selten auch Minderjährige zur (zeitweisen) Eheschließung genötigt werden. Andererseits bemühen sich zumeist junge Männer um Kontakte zu älteren allein reisenden ausländischen Frauen, um sich durch eine Eheschließung Aufenthalts- oder Arbeitsmöglichkeiten zu erschließen. Die *wanāsa*-Ehe (Betreuung, Unterhaltung) wird insbesondere von reichen Golf-Arabern bevorzugt, die aufgrund ihres Alters Pflege und Betreuung benötigen und ein Alleinsein vermeiden wollen.[25] Sog. Freund- oder Freundschaftsehen (Sg. *zawāǧ al-frīnd* oder *zawāǧ aṣ-ṣadāqa*) suggerieren eine eheliche Verbindung, die indes gar nicht besteht. Die Eheschließung durch eine Kassetten-Aufzeichnung (*az-zawāǧ bi-l-kāsīt*) soll diese solange verheimlichen, bis sich beide Partner zur Öffentlichkeit entschließen und dabei auf die Aufzeichnung als Beweismittel zurückgreifen. Analog können dazu auch moderne Speichermethoden (CD, DVD, Stick, Cloud u. a.) genutzt werden. Im Internet bieten sich ferner Möglichkeiten der (zunächst)

24 Vgl die URL http://umar-ibn-khattab.blogspot.de/2012/03/sunni-misyar-marriage-travellers.html (zuletzt abgerufen: 08.02.2016).

25 Vgl. die URL: http://archive.aawsat.com/leader.asp?section=3&issueno=10794&article=475257#.Vrnzxa1dCUk (zuletzt abgerufen: 09.02.2016).

virtuellen Eheschließung und der Partnersuche an. Das Internetportal „Minder" mit den entsprechenden Apps vermittelt Partnerschaften für Muslime.[26] Viele partnerschaftliche Formen, die in Europa verbreitet sind, haben längst auch in die islamische Welt Einzug gehalten, wenngleich traditionelle Moralvorstellungen, Vorbehalte gegenüber der Homosexualität und ein auf die Jungfräulichkeit der Ehefrau abstellendes Frauenbild bis heute dominieren.

3. Das Verfahren der Eheschließung am ägyptischen Beispiel

Mit der Durchsetzung des Prinzips der Nationalstaatlichkeit in der arabischen Welt, durch den britischen und französischen Kolonialismus sowie den Zerfall des Osmanischen Reiches nachdrücklich befördert, bemühten sich die islamischen Länder, auch den Bereich des Familienrechts stärker zu kontrollieren. Die Staatsbürgerschaft (*al-ǧinsīya*) machte die Erhebung von Personenstandsdaten, darunter auch die Erfassung des Familienstandes, erforderlich. So waren nicht nur sachrechtliche, sondern auch verfahrensrechtliche Fragen der Eheschließung zu regeln. Mit der sog. Qadrī-Pāšā-Kodifikation von 1875 und dem osmanischen Familiengesetz von 1917 sind erste Schritte zur Kodifikation des Familienrechts eingeleitet worden. Ab Ende des 19. Jh. wurden in Ägypten Bevollmächtigte (Sg. *al-maʾḏūn*) zur Eheschließung bestellt und damit das Verfahren unter staatliche Aufsicht gestellt. Die durch Beschluss des ägyptischen Justizministers erlassene und zwischenzeitlich mehrfach geänderte „Ordnung der Bevollmächtigten zur Eheschließung" vom 04.01.1955 bildet den Rahmen für die Beurkundung von Eheverträgen für Muslime.[27] Die Familiengerichte zeichnen für die Auswahl und die Beaufsichtigung der Bevollmächtigten zur Eheschließung verantwortlich. Auch andere arabische Länder folgen im Wesentlichen dem ägyptischen Beispiel, so etwa Bahrain in den Jahren 2005 und

---

26 http://www.minderme.co (zuletzt abgerufen: 09.02.2016).

27 Beschluss des Justizministers Nr. 100 vom 04.01.1955 über die Ordnung der Bevollmächtigten zur Eheschließung. Zuletzt geändert durch Beschluss Nr. 4054 von 2015 (ABl. Teil 2, Nr. 132 von 2015. Die Änderungen beziehen sich auf die Art 3, 3a, 4, 5, 12 und 15. Siehe den Text unter der URL: https://www.facebook.com/permalink.php?story_fbid=977771385601662&id=832525733459562 (zuletzt abgerufen: 10.02.2016). Die entsprechenden Quellenverweise und die Übersetzung des Textes (Stand: 2011) in: Ägypten: Rechtliche Bestimmungen zum Verfahren der Eheschließung und Verstoßung. Übersetzt und kommentiert von H.-G. Ebert und I. Salama. In: Das Standesamt (StAZ), Frankfurt am Main, Berlin Nr. 3/2011, S. 83–89. Das Oberste Verfassungsgericht hat mit Beschluss Nr. 86 von 2012 die Verfassungswidrigkeit der Art. 20 und 46 der Ordnung vom 04.01.1955 festgestellt (ABl. Teil 1, Nr. 23c von 2012).

2007.[28] Für die Beurkundung von Ehen zwischen Ägyptern, die einer gemeinsamen Religionsgemeinschaft (*al-milla*) und Konfession (*aṭ-ṭā'ifa*) angehören, sind die Beauftragten Notare (Sg. *al-muwaṯṯiq al-muntadab*), deren Ordnung aus dem Jahre 1955 der erwähnten Ordnung vom 04.01.1955 nachgestaltet ist, zuständig. Für alle anderen Ehen, insbesondere zwischen ägyptischen Muslimen und Nichtmuslimen und bei Auslandsbezug, hat der Notar (*al-muwaṯṯiq*) entsprechend mitzuwirken. So ist gesichert, dass die zuständigen Behörden, in erster Linie die Behörde für das Personenstandswesen (*maṣlaḥat al-aḥwāl aš-šaḫṣīya*), ordnungsgemäße Register führen können.[29]

In der „Gesetzesverordnung Nr. 78 von 1931 über die Ordnung zur Organisation der *šarī'a*-Gerichte" wird im Art. 99/4 festgestellt, dass im Falle des Bestreitens der Ehe eine diesbezüglich Klage nicht angehört werden kann (*lā tusma'u da'wā az-zauǧīya*). Diese Bestimmung wurde mit dem „Gesetz Nr. 1 von 2000 über die Veröffentlichung des Gesetzes zur Regelung einiger Grundsätze und Maßnahmen der Prozessführung in Angelegenheiten des Personalstatuts" (i.d.F. des Gesetzes Nr. 91 von 2000) durch den Art. 17 ersetzt, der folgenden Wortlaut hat:

> „Klagen, die sich aus einem Ehevertrag herleiten, sind nicht zulässig (wörtlich: werden nicht angenommen; *lā tuqbalu ad-da'āwā*), wenn zum Zeitpunkt der Klageerhebung das Alter der Ehefrau weniger als 16 (Sonnen-) Jahre und das Alter des Ehemannes weniger als 18 (Sonnen-) Jahre beträgt.
> Klagen, die sich aus dem Ehevertrag herleiten und bestritten werden, sind für Fälle nach dem 01.08.1931 nur dann zulässig, wenn die Eheschließung durch eine offizielle Urkunde bestätigt wird. Lediglich Klagen auf Ehescheidung oder Nichtigerklärung der Ehe sind zulässig, wenn die Ehe durch ein schriftliches Dokument bestätigt wird.
> Klagen betreffend die Scheidung von Angehörigen der gleichen Religionsgemeinschaft und Konfession sind nur dann zulässig, wenn deren Rechtsordnung dies zulässt."[30]

---

28 Vgl. *Ebert, H.-G.*, Bahrain: Familienrechtliche Neuerungen. In: Das Standesamt (StAZ), Frankfurt am Main, Berlin Nr. 4/2008, S. 104–106 und dgl., Bahrain: Verfahren der Eheschließung und Scheidung. In: Ebenda, S. 117–121.

29 Zu den Einzelheiten siehe *Ebert, H.-G. u. Salama, I.*, Zum Verfahren der Eheschließung und Verstoßung in Ägypten. In: Das Standesamt (StAZ), Frankfurt am Main, Berlin Nr. 3/2011, S. 74–76.

30 Text des Gesetzes mit Quellenangaben: *Ebert, H.-G. u. Hefny, A.*, Ägypten. In: Bergmann/Ferid/Henrich, Internationales Ehe- und Familienrecht, Frankfurt am Main, Berlin September 2008, 178. Lfg., S. 58–71. Zur Gesetzesverordnung Nr. 78 von 1931 vgl. *Elwan, O.*, Die Form von zwischen Ägyptern und Deutschen in Ägypten geschlossenen Ehen aus dem Blickwinkel des deutschen Kollisionsrechts. In: Festschrift für Erik Jayme. Hrsg. von H.-P. Mansel, T. Pfeiffer, H. Kronke, C. Kohler, R. Hausmann,

In einigen arabischen Ländern, so im Maghreb, wird das System des *ma'ḏūn* nicht angewendet und an seine Stelle die Mitwirkung von *'udūl* (Notaren) bei der Eheschließung gesetzt. So kann die Ehe in Tunesien gemäß Art. 31 des „Gesetzes Nr. 3 von 1957 über die Organisation des Zivilstandes" vor zwei Notaren oder direkt beim Zivilstandsbeamten (Standesbeamten) geschlossen werden.[31] Der Begriff der *'udūl* orientiert sich dabei am islamischen Beweisrecht.

Unabhängig von der konkreten Regelung des Sachrechts ist die Schlussfolgerung berechtigt, dass die islamischen Länder übereinstimmend an der Beurkundungspflicht von Eheverträgen festhalten. Für die überwiegende Mehrheit der Bevölkerung sollte das Wissen um diese Pflicht vorausgesetzt werden können, so dass *'urfī*-Ehen oder Imam-Ehen kaum (am ehesten noch im ländlichen Umfeld) auf Unkenntnis zurückgeführt werden können. Der Staatszerfall in einigen Ländern infolge von Auseinandersetzungen im Zusammenhang mit dem sog. Arabischen Frühling hat jedoch auch im Hinblick auf das Verfahren der Eheschließung eine neue Lage geschaffen. Wenn Gerichte, öffentliche Institutionen und Ämter des Personenstandswesens nicht oder nur eingeschränkt tätig werden können, erhebt sich die Frage, ob das bisherige Verfahren überhaupt anwendbar ist bzw. ob ausgestellte Papiere anerkennungsfähig sind. Wie kann unter ungeordneten Bedingungen und z. T. bürgerkriegsähnlichen Zuständen eine Eheschließung nachgewiesen werden? Diese Probleme verlagern sich wegen der Migrantenströme auch nach Europa.

4. „Private" Eheschließung im Kontext der deutschen Rechtsordnung

Selbstverständlich darf eine Ehe in Deutschland gemäß § 1310 Bürgerliches Gesetzbuch (BGB) ausschließlich vor dem Standesbeamten geschlossen werden, sofern die gesetzlichen Voraussetzungen hierfür vorliegen. Alternative Formen der Eheschließung – etwa eine isolierte kirchliche Trauung – entfalten keine zivilrechtliche Wirkung. Kirchliche Zeremonien zur Bestätigung des Ehebundes sind jedoch angesichts einer grundsätzlichen Religionsfreiheit zu akzeptieren. Bis zum 31.12.2008 konnte die religiöse Voraustrauung (von einigen Ausnahmen abgesehen) als eine Ordnungswidrigkeit verfolgt werden. Mit dem Gesetz zur Reform des Personenstandsrechts (PStRG) vom 19.02.2007[32] wurden die

München 2004, Bd. 1, S. 153–167, *'Imrān, F. M.*, Az-zawāǧ al-'urfī wa-ṣuwar uḫrā li-z-zawāǧ ġair ar-rasmīya. Al-Iskandarīya 2001, S. 44–49.

31 Maǧallat al-aḥwāl aš-šaḫṣīya. Tūnis 1998, 2. Aufl., S. 60.

32 G. v. 19.02.2007 BGBl. I S. 122 (Nr. 5); zuletzt geändert durch Artikel 4 G. v. 04.07.2008 BGBl. I S. 1188; Geltung ab 01.01.2009.

§§ 67 und 67a Personenstandsgesetz (PStG) vom 08.08.1957[33] abgeschafft und damit generell eine (isolierte) religiöse Eheschließung ermöglicht, allerdings weiterhin ohne rechtliche Wirkung. Begründet wurde diese Gesetzesänderung mit der fehlenden Relevanz einer solchen Verfolgung. Die großen Volkskirchen haben angekündigt, ihre Praxis aufgrund der neuen Rechtslage nicht zu verändern.[34]

Der Gesetzgeber hatte wohl in erster Linie die christlichen Gemeinschaften im Auge. Für die wachsende Zahl der Muslime in Deutschland hat die Gesetzesänderung jedoch unmittelbare Auswirkungen. Viele Ehen zwischen einem muslimischen Ehemann und einer nichtmuslimischen oder muslimischen Ehefrau in Übereinstimmung mit dem BGB und den deutschen verfahrensrechtlichen Bestimmungen werden durch eine nachfolgende islamische Ehe, die nach türkischem Vorbild vom Imam einer Moschee geschlossen wird, ergänzt. Dagegen ist rechtlich nichts einzuwenden. Problematisch wird dies aber, wenn einer islamischen Vorausehe keine Eheschließung vor dem Standesbeamten folgt. Insbesondere Frauen erleiden dadurch Nachteile vielfältiger Art. So können sie keine zivilrechtlichen Ansprüche an den Partner als Ehepartner stellen, obwohl sie möglicherweise eine solche Ehe als wirksam empfinden. Auch eine staatliche Ehescheidung ist unmöglich, da nach herrschender Auffassung gar keine Ehe vorliegt. Kritiker der Gesetzesänderung sehen zudem die Gefahr, dass auf Frauen Druck ausgeübt wird, auch gegen ihren Willen eine solche islamische Ehe einzugehen, oder aber damit eine Zweitehe erleichtert wird. Die Organisation „Terre des Femmes“ hat diese Kritik in einem Positionspapier zum Ausdruck gebracht.[35] Von einer „hinkenden Eheschließung“ kann bei der isolierten islamischen Vorausehe in Deutschland, der keine Zivilehe folgt, nur in Ausnahmefällen gesprochen werden, etwa bei einer in einer Moschee geschlossenen und im ägyptischen Generalkonsulat beurkundeten Ehe zwischen einem Ägypter und einer Ausländerin.[36]

---

33 Neugefasst durch B. v. 08.08.1957 BGBl. I S. 1125; zuletzt geändert durch Artikel 3 G. v. 04.07.2008 BGBl. I S. 1188; aufgehoben durch Artikel 5 G. v. 19.02.2007 BGBl. I S. 122; Geltung ab 01.01.1964.

34 Vgl. die URL https://www.herder-korrespondenz.de/heftarchiv/62-jahrgang-2008/heft-12-2008/die-aufhebung-des-staatlichen-voraustrauungsverbots-und-ihre-auswirkungen-kirchliche-ehen-ohne-trauschein (zuletzt abgerufen: 11.02.2016).

35 Siehe die URL: http://www.terredesfemmes-koeln.de/uploads/media/Pos_Papier_Frauenrechte_u_Religion.pdf (zuletzt abgerufen: 11.02.2016).

36 *Iskander, S.*, Hinkende Ehen zwischen islamischem Recht und europäischem internationalen Privatrecht. Dargestellt am Beispiel Deutschlands und Ägyptens. Hamburg 2009, S. 105.

Die deutsche höchst- und obergerichtliche Rechtsprechung hat sich in den letzten Jahren hauptsächlich unter dem Aspekt des Aufenthalts- und Asylrechts mit den *'urfī*- und Imam-Ehen, die im Ausland geschlossen worden sind, beschäftigt. Insbesondere unter Beachtung des Familiennachzugs bei anerkannten Flüchtlingen stellt sich diese Problematik in verschärfter Form. Die gerichtlichen Entscheidungen hierzu vermitteln durchaus unterschiedliche Erkenntnisse. Einige Beispiele mögen dies illustrieren. So stellt das BVerwG (1. Senat) in seinem Urteil vom 22.02.2005 fest, dass eine nur nach religiösem Ritus mit Eheschließungswillen eingegangene Verbindung, die der Heimatstaat nicht anerkennt, keine Ehe im Sinne des § 26 Abs. 1 Nr. 2 Asylverfahrensgesetz (AsylVfG) sei. Gleichzeitig könne jedoch die Vorenthaltung einer zivilen Eheschließung asylerheblich sein.[37] Ähnlich argumentierten das OVG Koblenz am 05.07.1993 und das OVG Lüneburg am 27.05.2003, wenn letzteres feststellt, dass es dem Schutzgedanken des Asylrechts widerspreche, ausnahmslos nur staatlich anerkannte Ehen dem Schutz des Familienasyls zu unterstellen.[38] Der Grundsatz, wonach eine Imam-Ehe keine Aufenthalts- und Asylansprüche begründe, wird auch in den Beschlüssen des BayVGH vom 21.06.2011 und des OVG Berlin-Brandenburg vom 20.05.2014 deutlich.[39] Eine ausschließlich zum Zwecke der Erlangung eines Aufenthaltsrechts geschlossene Scheinehe könne kein Aufenthaltsrecht nach sich ziehen. Der Kläger führe im Ausland bereits eine Imam-Ehe (Urteil des VG Berlin vom 30.01.2008).[40] Durch Beschluss des OVG Berlin-Brandenburg vom 05.11.2008 wird die Verweigerung eines Visums zum Ehegattennachzug für eine türkische Frau, deren Mann in Deutschland erwiesenermaßen in einer Imam-Ehe lebt, bestätigt (Beschluss vom 05.11.2008). Eine solche Doppelbeziehung widerspreche dem Verständnis von Art. 6 Grundgesetz (GG).[41]

5. Neue Herausforderungen und Perspektiven

Die veränderte Rechtslage in Deutschland und der Zustrom von Migranten aus islamischen Ländern (auch aus solchen, die als „failed states“ <gescheiterte Staaten> wahrgenommen werden; etwa: Libyen, Syrien, Jemen, Afghanistan) verur-

37 BVerwG 22.02. 2005, Az: 1 C 17/03 (juris).

38 OVG Koblenz 05.07.1993, Az: 13 A 10564/92 und OVG Lüneburg 27.05.2003, Az: 2 L 2040/98 (juris).

39 BayVGH 21.06.2011, Az: 11 ZB 11.30152 (juris), OVG Berlin-Brandenburg 20.05.2014, Az: OVG 3 M 7.14 (juris).

40 VG Berlin 30.01.2008, Az: 7 V 35.07 (juris).

41 OVG Berlin-Brandenburg 05.11.2008, Az: OVG 11 N 25.08 (juris).

sachen einen zu prognostizierenden Anstieg von isolierten Imam-Ehen, die in Deutschland geschlossen werden. Belastbare Zahlen liegen allerdings – soweit ersichtlich – bislang nicht vor. Zwar weigern sich viele Imame von Moscheen und Moscheevereinen, eine solche Voraustrauung durchzuführen. Aber einige Faktoren sprechen für einen Anstieg, insbesondere die geringen Formerfordernisse, die bei Muslimen vorherrschende Sexualmoral und sowie die Schwierigkeiten der Beschaffung von Dokumenten, die für eine Eheschließung nach deutscher Ortsform notwendig sind. Bei der Eheschließung von Muslimen deutscher Staatsangehörigkeit, von Staatenlosen und Flüchtlingen gilt entsprechend den internationalen Abkommen deutsches Sachrecht.[42] Wenn gemäß Art. 13 Abs. 1 Einführungsgesetz zum Bürgerlichen Gesetzbuche (EGBGB) in Bezug auf die Voraussetzungen der Eheschließung ausländisches, im konkreten Falle islamisch geprägtes Recht, anzuwenden ist, dann ergeben sich Konflikte insbesondere dann, wenn das in Deutschland vorgeschriebene Heiratsmindestalter unterschritten wird oder in Bezug auf den Ehemann bereits eine Ehe besteht. Hier greift im Konfliktfall der *ordre public* gemäß Art. 6 EGBGB. Auch *'urfī*- und Imam-Ehen sollten hierbei einbezogen werden (vgl. das oben erwähnte Urteil des VG Berlin vom 30.01.2008).[43] Die deutschen Behörden stehen vor einer kaum lösbaren Aufgabe, wenn sie entscheiden müssen, ob beigebrachte Dokumente oder Angaben (insbesondere, aber nicht nur aus gescheiterten Staaten) echt oder gefälscht sind. Solche Schwierigkeiten ergeben sich im Übrigen auch im Hinblick auf die Glaubwürdigkeit von Altersangaben. Um das Erfordernis der Ortsform zu umgehen und ein Aufenthaltsrecht des Ehepartners in Deutschland zu begründen, werden bisweilen sog. Handschuh-Ehen (etwa in Pakistan) geschlossen. Solche Ehen werden zwar vorschriftsmäßig in den jeweiligen Ländern registriert, sie verstoßen aber – wie Mathias Rohe schreibt – „gegen Sinn und Zweck der Anknüpfung an die Ortsform (Art 11 EGBGB) als auch insbesondere gegen die ratio des Art. 13 Abs. 3 Satz 1 EGBGB".[44]

Isolierte islamische Voraustrauungen in Deutschland können auch dazu führen, dass die Partner, die sich im religiösen Sinne als verheiratet fühlen, keine

---

42 Zu den einzelnen internationalen Bestimmungen siehe *Rohe, M.*, Rechtsfragen bei Eheschließungen mit muslimischen Beteiligten. In: Das Standesamt (StAZ), Frankfurt am Main, Berlin Nr. 6/2000, S. 162, Fn. 12.

43 Ebenda, S. 165–166.

44 *Rohe, M.*, Eheschließung in islamischen Staaten – Prüfung der Wirksamkeit durch deutsche Behörden. In: Das Standesamt (StAZ), Frankfurt am Main, Berlin Nr. 4/2006, 97, vgl. auch *Sturm, F.*, Eheschließungsformen im Ausland, ihre Gültigkeit und Nachweisbarkeit im Inland. In: Das Standesamt (StAZ), Frankfurt am Main Nr. 12/1995, S. 344.

Möglichkeit haben, eine solche Ehe wieder aufzulösen. Deutsche Gerichte betrachten sich als nicht zuständig, da keine Eheschließung gemäß Ortsform erfolgt ist. Besonders Frauen sind betroffen, da für Männer immerhin der „islamische Ausweg“ einer polygynen (nicht-registrierten) Ehe besteht. Eine Lösung dieses Problems könnte sich am beschriebenen ägyptischen Beispiel orientieren oder aber islamische Verbände in Deutschland einbeziehen.[45]

Eheschließungen ohne amtliche oder gerichtliche Mitwirkung im islamischen Ausland werfen Fragen auf, die mit dem Aufenthalts- und Asylrecht im Zusammenhang stehen. Gerade hinsichtlich des Familiennachzugs ergeben sich neue Probleme. Zum einen geht es darum, ob vorschriftsmäßig registrierte Ehen in zerrütteten Ländern überhaupt geschlossen werden können, wenn die entsprechenden Behörden, Gerichte oder Ämter nicht oder nur bedingt arbeitsfähig sind. Zum anderen lässt sich in Gebieten, die von Milizen, Räten oder selbsternannten Führern beherrscht werden, keine klare Rechtslage erkennen. Aus dem Urteil des BVerwG vom 22.05.2005 ist zu schlussfolgern, dass für eine Visaerteilung oder einen Familiennachzug der Einzelfall geprüft werden muss. Andererseits besteht kein Grund, *ʿurfī*- oder Imam-Ehen grundsätzlich als legitime Form der Eheschließung anzuerkennen, insbesondere dann nicht, wenn in verwaltungsmäßig einigermaßen funktionierenden Ländern solche Ehen keine entsprechenden Wirkungen entfalten. Hingegen sollte auch die *schiitische mutʾa*-Ehe, vor allem im Falle ihrer Beurkundung, als eine Ehe behandelt werden, da sie die Beziehungen zwischen den Partnern ebenso wie in einer dauerhaften Ehe ordnet.[46]

Mit den Rom I-, Rom II-, Rom III- und Rom IV-Verordnungen haben einige europäische Länder, so auch Deutschland, die „klassische“ Anknüpfung an die Staatsangehörigkeit relativiert und die Rechtsordnung des gewöhnlichen Aufenthaltes in den Vordergrund gerückt. Diese für Einwanderungsländer typische Anbindung könnte auch für das Eherecht helfen, einige der in diesem Aufsatz erwähnten Probleme zu lösen oder zumindest zu entschärfen.[47]

45 Siehe dazu auch den Beitrag von Jürgen Rieck in diesem Buch.

46 *Schulze, G.*, Die Zeitehe des iranischen Rechts – Rechtfragen aus deutscher Sicht. In: Das Standesamt (StAZ), Frankfurt am Main, Berlin Nr. 7/2009, S. 202.

47 Vgl. *Schmid, M. J.*, Das neue Internationale Privatrecht der Europäischen Union. Im Internet unter der URL http://www.infopoint-europa.de/assets/Uploads/Beitraege-Rechtsreferendare/Schmid-Internationales-Privatrecht.pdf (zuletzt abgerufen: 12.02.2016) verfügbar. Die Rom IV-Verordnung zum Erbrecht gilt in Deutschland seit dem 17.08.2015. Weitere Verordnungen zum Ehegüterrecht und zum Unterhalt sind geplant.

Marie-Claire Foblets, Halle (Saale)

Gender, Islam and Family Law in Europe: The broken promises of human rights

Introduction

What this paper submits to discussion likely sounds somewhat familiar to readers well versed in the literature on family law and Islam in Europe and in the latest developments as regards the recourse to human rights in this area. The purpose here is not so much to offer highly innovative findings, but to take the opportunity to reflect on some of the consequences of the interplay between Islam, family law and human rights that I have come across through my own readings, observations and research these past few years.

I have given my paper the subtitle 'broken promises'. What do I mean by this? In a nutshell, human rights instruments of protection in Europe are commonly seen as offering an appropriate standard that can improve *in concreto* the position and/or living conditions of people. These instruments are expected to do so regardless of a person's gender, citizenship or faith, to name but a few characteristics. However, with the exception of the prohibition against inhuman or degrading treatment[1], human rights remain relative rather than absolute. Therefore, most invocations of the human rights criteria of protection need, in practice, to be balanced against other interests. I venture to speak of the 'broken promises' of human rights after having observed, over many years of studying the case law of various European countries in the field of private international law[2], that this balancing exercise, which requires a judge or other competent body to engage in the difficult

---

1 As is provided for in Art. 3 of the European Convention on Human Rights and further specified in the European Convention for the Prevention of Torture and Inhuman or Degrading Treatment or Punishment (CPT/Inf/C (2002) 1 [EN] (Part 1) – Strasbourg 26.XI.1987).

2 The most recent of these studies is a comparative analysis of the application in five European countries of the provisions of the Moroccan Family Code (as reformed in 2004) that apply particularly to the situation of Moroccan nationals residing abroad; that study served as a basis for Part II of this contribution: *Foblets, M.-Cl. (ed.)*, Le statut personnel des Marocains résidant à l'étranger. Dix années d'application du Code marocain de la famille en Europe et au Maroc (2004–2015), Paris, LGDJ/Bruges, La Charte, forthcoming.

task of weighing the human rights of a particular person against other interests (either of other individuals or of society at large), produces various effects that in practice may well turn out *not* to be as protective as one would expect of a recourse to human rights. This paradox is particularly striking when one looks at the case law of the past thirty years or so, whenever the question whether – and if so to what extent – practices and institutions that are grounded in religiously inspired family law systems can be granted recognition in the domestic legal order. As I will try to illustrate below, when principles such as strict respect for gender equality are given priority, this balancing exercise often results either in considerably limiting a person's individual autonomy in choosing the way he or she organizes his or her family life, or relegates a person to a position that is simply not granted recognition under state law and therefore remains unprotected.

Drawing more particularly on case law involving the family lives of Moroccan nationals in five different European countries[3], I identify three different situations of 'broken promises'. *First,* in some cases human rights raise false hopes: a person may had expected more from a recourse to human rights, or is disappointed that in her of his particular case the balancing exercise by a court or other competent body ultimately prioritized other interests. I will provide some illustrations below.

Second, the way human rights are applied in a concrete situation risks coming across as abstract to the parties involved: principled, but not made to measure. From the parties' point of view too little attention is given to the fuller context. A context that matters to the persons involved and shapes their daily life. To give just one example here, too principled a prohibition of gender discrimination will usually ignore other modalities of regulation of family relationships that may be based on different conceptions of solidarity among kin and can provide alternative mechanisms of protection that are not necessarily to be considered oppressive or unfair to the persons involved[4]. It all depends on the context. Human rights criteria, when used, should not be imposed 'out of context'.

Third, recourse to human rights sometimes produces the opposite effect to the intended one offering protection, such as in cases where it leads to the denial of any recognition (under state law) of the de facto situations people are living in. One such situation is the refusal by the courts in Europe to recognize certain types of matrimonial property regimes, for example, or certain forms of disso-

---

3 Cf. supra note 2.

4 For an interesting illustration of an alternative way to regulate family relations and the difficulties that come with its accommodation within the domestic legal order in Europe, see: *Mehdi, R. and Nielsen, J.S. (eds.),* Embedding Mahr (Islamic Dower) in the European Legal System, Copenhagen, DJØF, 2011.

lution of marriage under minority legal or religious systems. The result is that some people find themselves in 'limbo', falling as they do outside the scope of the protection of official state law merely because their situation does not – or not sufficiently – align with the requirements of (individual) human rights protection. The problem is particularly acute in situations that are considered entirely regular in one country (*in casu* a country where family relations are regulated in accordance with Islamic law), while being perceived to be irregular in another country (usually a European country that adopts the strictest possible standards when it comes to the protection of the rights of children and women). In law, one speaks of 'limping' situations where one and the same (family) relationship is dealt with in clearly opposite ways by two domestic legal systems. Limping situations are a true challenge in a globalized world, where families ever more frequently cross the borders between Europe and Muslim countries whose family law remains purposely within the tradition of Islam. There is clearly some urgency in addressing these situations, since they are in a sense the effect of differing approaches to human rights in the (vast) domain of family law, including the protection of children and women.

For a more nuanced understanding of what is to be understood by the 'broken promises' of human rights protection in the field of family law, in particular in relation to gender, Islam and family law in Europe, it is important to distinguish between the relevance attributed to human rights as regards family matters in the context of countries where Islam is a major source of law, and the way human rights play out within the domestic legal sphere of European countries that have abandoned any explicit reference to religion in the organisation of family life. I will begin with the role that human rights have been playing in recent years, one way or another, within the field of family law[5] in Islamic countries, and will subsequently address some of the consequences of the human rights policy in family affairs that is now usually followed in Europe. It goes without saying that space does not allow me to go into a detailed analysis of the wider contexts here, as that would require an in-depth examination of the various reasons why human rights are given different weight – in law – depending on whether they apply in the context of a European country that is a signatory of the European Convention on Human Rights and hence is bound by the increasingly rigid case law of the

---

5 I draw my data from the contributions compiled in the collective volume: *Yassari, N. (ed.),* Changing God's Law: The Dynamics of Middle Eastern Family Law (Family Law in Context), Abingdon, Routledge, 2016. This part of my paper partly borrows from and further builds on the introduction which I wrote for that volume.

European Court of Human Rights notably in matters of discrimination[6], or in the domestic legal order of a country where Islamic family law prevails and serves ultimately to draw the lines of what is permissible[7].

Within the limits of this succinct contribution, I will therefore limit myself to referring to some situations where human rights cannot keep their promises, so to speak. I will devote particular attention to situations that can be seen as caused – most often unintentionally – by the differences in the significance that Islamic countries[8] on the one hand and European countries on the other attribute to the protection of human rights. As noted above, under certain circumstances recourse to human rights can prove to be dramatically counterproductive, leaving people, in practice, without protection (under state law) or caught in 'limping' situations, as is the case with some transnational families.

I. Recent developments in the field of family law in Islamic countries: legislative reforms, increased concern for human rights and the referee role of the judge

In recent years several Islamic countries have introduced major legislative reforms in the field of family law. This is the case for Iran, Qatar and the United Arab Emirates, Bahrain, Tunisia, Pakistan, Jordan, Egypt and Morocco, among others. Broadly speaking, over the past ten or fifteen years, family law in the above-mentioned countries has been undergoing astonishingly rapid changes, due in part to the new realities of male-female and parent-child relationships. These changes help explain some of the recent legislative developments in those countries, which are both profoundly revolutionary and yet relatively stable. Stable in the sense that, unlike other areas of law that have seen many foreign borrowings (such as labour law, contracts, insurance, tort, etc.), family law has, on the whole, remained relatively free of the phenomenon known in the literature as 'legal transplants', and instead remains faithful to Islam as a major source of inspiration.

---

6 See among others: *Büchler, A.*, Islamic Law in Europe? Legal Pluralism and its Limits in European Family Laws, Farnham, Ashgate, 2011; *Esteban de la Rosa, G.*, "Cultural Diversity, European Public Policy Exception and Family Law of Muslim Countries", Beijing Law Review, 2015,6, 147–158.

7 For a comparative analysis, see especially: *Otto, J. M. (ed.)*, Sharia Incorporated. A Comparative Review of the Legal Systems of Twelve Muslims Countries in Past and Present, Leiden University Press, 2010.

8 By Islamic countries here I am referring to countries that in their family law formally refer to Islam as a major source of law.

This is true in spite of several decades of western colonization and, more recently, rapidly expanding internationalisation. But it is also true that, more recently, legislators in the above-mentioned countries have opted for an impressive series of legislative reforms, some of which certainly deserve to be called 'revolutionary', introduced in order to adapt family law in Islamic countries to new social conditions. The various countries have done so in more or less radical fashion.

It is not my intention to go into detail here about these reforms. For a correct understanding, however, of why the legal approach to family relationships in these countries remains, despite some impressive reforms, very different from the way these relationships are regulated in the family law of European countries, two perspectives should be taken into account that help understand the differences in the appreciation of the role of human rights in Islamic and European family law respectively. A *first* perspective is that the recent reforms approved by legislators in several Islamic countries – one could easily speak of a new family law – continue without exception to be based on the classical *fiqh*, albeit a *fiqh* that has been amended both by legislative acts and further interpreted by case law[9]. Clearly, the aim has been to achieve a fine balance between reforms of family law that are suited to life in modern, dynamic societies and the requirement that these amendments remain sufficiently firmly rooted in their own religious normativity.

A *second* perspective has to do with the role assigned to the judicial authorities and to judges in particular. From a European point of view; what may be a bit difficult to apprehend is the way courts in Islamic countries continue on some occasions, notwithstanding the reforms, to draw on traditional legal sources, while on other occasions they adopt a more lenient approach that takes greater account of human rights standards of protection as enshrined in international conventions. Salima Abida, who has been following developments in Tunisian case law since 1956 in the area of personal status, concludes:

> "*The judges' oscillation between tradition and modernity ultimately reflects a more general oscillation, that of Tunisian society between the traditional model of the patriarchal family and the liberal model of the family based on the principles of equality and liberty*"[10].

9 See among others: *Welchmann, L.*, Women and Muslim Family Laws in Arab States. A Comparative Overview of Textual Development and Advocacy, Amsterdam University Press, 2007; more recently: "Bahrain, Qatar, UAE: First Time Family Codifications in Three Gulf States", in: Atkin, B. (ed.), International Survey of Family Law (2010 Edition), Bristol, Jordan Publishing, 163–178.

10 *Abida, S.*, "Les pouvoirs du juge tunisien en droit de la famille", in: Yassari, N., Changing God's Law…, *ibid.*, 2016.

In what follows, I elaborate further on these two perspectives, with the aim of setting the background for what comes in the next chapter, namely the difficulty of ensuring that the promises of human rights are kept with respect to cases involving Muslim families living in Europe. Being personally more familiar with the legislative policy of Morocco, I will focus here on illustrations from Moroccan family law, both to explain the recent reforms approved in the domestic law of several Islamic countries and to look at the way these reforms are appreciated in Europe.

1. Legislative reforms regarding marriage and divorce

At the risk of oversimplifying some of the reforms, I will limit myself here to mentioning a number of major changes in the regulation of relationships between spouses. Most of the recent legislative reforms concern the position of women and children. They express the desire on the part of the legislators to improve women's position within the family by placing them on equal footing with men as regards both marriage and its dissolution, as well as in their relationships with their children. This is new[11]. "*The Family Code is, in our view, a piece of legislation intended to protect the weakest members of society (women, in this case) and to guarantee the rights of children*", wrote the authors of the first annual report on the implementation of the amended Moroccan Family Code (2004).

> "*Therefore, the Code's objective is to safeguard the family against all forms of injustice and discrimination. To this end, the Moroccan legislators have reinforced the Code with several provisions and mechanisms. In comparison with the previous situation, the new Code constitutes a qualitative advance in family matters, making it possible to promote women's rights and their social status by reducing the social inequalities that continue to exist*"[12].

On the whole, however, it may be said that there is continuity between the new laws adopted in countries that have amended their family law code(s) and the former ones, as the new codes continue to draw inspiration from the same sources. Family law remains clearly in line with religious – here Islamic – tradition governing that area of the law. There is no lack of evidence to this effect. *First*, it may even be said that in some instances, codification elevates the principles of Islam

11 The same can be said of the protection of the child, who is the subject of several provisions in various Codes. Some provisions on child protection are now formulated in identical terms to those of the International Convention on the Rights of the Child.

12 Rapport annuel sur l'application du Code de la famille [Annual Report on the Implementation of the Family Code], Casablanca: La Ligue démocratique pour les droits des femmes, Centre d'information et d'observation des femmes marocaines, 2005, 3.

into mandatory rules, whether as regards marriage and its dissolution, descent, legal capacity, or wills and succession. In some countries, such as Morocco or Iran, the law mandates the intervention of the Public Prosecutor's Office in all these matters.

Second, there is the legal terminology that the legislators in various countries have opted to use. The terms used in the legislation are most often the same as those found in the well-known books of the prevailing legal doctrine that applies in that country.

Third, as I will explain below, in most countries the Code requires judges to follow the lead of the Islamic rite (or school) whenever there is no written legal rule available, or if the latter is incomplete or imprecise. Such a provision confirms, in a sense, the prohibition against judges relying on sources other than Islamic ones in the area of family relations. Yet, as we know, classical Islamic law has its own distinctive conception of the status of women and children within the family, which is not the same as the one that currently prevails in a more secular, liberal approach to family relations and that is more in line with international human rights standards of non-discrimination and individual self-determination. Under the Islamic approach, the husband is the sole head of the family and it is he alone who has the privilege of dissolving or preserving the marriage bond; the wife is not the legal guardian of her children, even if she has custody – which in certain cases can be taken away from her. Similarly, a child born out of wedlock does not enjoy the same legal protection as a legitimate child, and descent from the father generally exists only within the framework of marriage.

In what follows, I review briefly some of the main legal amendments regarding spouses, distinguishing between provisions that primarily affect the marriage and those that regulate its dissolution through divorce.

a) Marriage

Some legislators have begun to place women and men on an equal footing as regards the age of nubility, requiring that both sexes have reached the minimum age of eighteen. This is the case for example in Morocco (Art. 19) and in Tunisia (Art. 5). Women who have reached the age of majority are now authorised in some countries to marry without the intermediary of a marriage tutor[13]. By contrast, all countries have retained the prohibition against a Muslim woman marrying a non-Muslim man. Similarly, in most countries a woman

13 As has been the case in Morocco since 2004 (Art. 24).

is not permitted to marry a foreigner,[14] even if he is Muslim, without prior authorisation by a State representative. Except in the Tunisian Family Code, new legislation has not abolished polygamy; rather, some countries subject it to prior court authorisation (usually by a judge) in order to safeguard the rights of the first wife and her children, if any, and to permit a wife who does not accept polygamy to petition for divorce. Egyptian law offers one example of the latter rule. The court can, if necessary, order her to divorce her husband should she be unwilling to be the spouse of a polygamous man yet does not petition for divorce. As regards the Islamic matrimonial property regimes and their (re)negotiation, the principle of separate estates continues to prevail, even if some legislators – including those of Tunisia, Algeria and Morocco – have started allowing spouses to agree on joint management of assets acquired during the marriage[15]. In practice however, it appears that it is not well regarded if a woman seeks to take advantage of the marriage to effectively negotiate her property rights.

In several countries, the provisions concerning marriage now mean that the family of Muslim spouses will henceforth be headed by both spouses and that the spouses have to work together when taking decisions concerning the management of family affairs. Nevertheless, the husband remains the legal guardian of the children, as was the case under the former regimes, while the wife is their legal guardian only if the husband has died or has been determined to lack the necessary legal capacity. On the other hand, if the marriage is dissolved, custody of the child is ever more frequently awarded first to the mother. However, if the mother remarries, she loses her right to custody. In some countries a divorced mother loses custody immediately, whereas in others she keeps it provisionally but will lose it once the child has reached a certain age[16] or if she remarries[17].

---

14 If not explicitly by law, then through case law.

15 As has been the case in Morocco since 2004 (Art. 49). In case of conflict over property between spouses, it is up to the judge to decide on the division of property between them "while taking into consideration the work of each spouse, the efforts made as well as the responsibilities assumed in the development of the family assets" (Art. 49). This provision presupposes that the judge plays a more active role in the area of proof, a condition that so far has rarely been applied in practice in Moroccan family law. Under the former Code, numerous judgments rejected women's petitions on the grounds that they had not proved their participation in acquiring the assets.

16 As has been the case in Morocco since 2004 (Art. 175).

17 The Moroccan code specifies: a man who does not fall within the category of relatives whom the child may not marry.

A divorced non-Muslim mother also loses custody of her child[18]. A mother who has custody can be forbidden to travel with the child outside the country without prior authorisation by the legal guardian[19].

b) The dissolution of marriage

Traditionally, in Islamic family law there are several ways of dissolving a marriage. Some newly amended Codes add a few further ones not available under the former regimes. The form of marriage dissolution that is the object of the most vivid debates, not just within Islam but also among women's rights scholars and spokespersons worldwide, is the form known as *ṭalāq* (or: *talaq*), i.e., the unilateral repudiation of the wife by the husband without cause. The Moroccan legislators decided in 2004 to *retain* this mode of dissolving a marriage, but clearly specified that the exercise of this right is henceforth dependent on obtaining a court authorisation (the French translation reads: "divorce sous contrôle judiciaire" which means divorce under judicial supervision), in order to allow the wife to be heard and to guarantee her rights as well as those of the couple's children (Art. 79 ff.). The court gives authorisation to draw up a *ṭalāq* only if the husband has submitted a sum of money to the Court Clerk's office, the amount of which is determined by the court and is intended to covers the rights of the spouse[20]. In the case of a revocable *ṭalāq*, the husband may take back his wife only with her express consent (Art. 124)[21]. A woman does not have a comparable right to end a marriage by her sole will, except in cases of a *ṭalāq* by mutual consent[22], a *tamlīk*[23] or a *khul'*[24]. But even in such cases, it is the will of the man that is taken into consideration in the

---

18 This scenario is not necessarily explicitly provided for in a Code, but case law shows that in practice it may be expected that the judge will separate the child from its mother if there is a fear that the child might be reared in a religion other than Islam.

19 As has been the case in Morocco since 2004 (Art. 179).

20 Article 83. The rights of the wife are specified in Article 84: balance of the *sadaq*, if any, maintenance owing for the legal waiting period and a "Consolation Gift". Article 85 provides that the husband must also give an amount to cover child support payments.

21 Contrary to what was the case under the former regime.

22 Translated into French officially as "divorce par consentement mutuel", and into English unofficially as "divorce by mutual consent".

23 *Tamlīk* is repudiation granted to the wife by a clause inserted into the marriage contract, or potentially with the consent of the husband after dispute has begun.

24 *Khul'* (or: *khol'*) is to be understood as the repudiation by the husband at the wife's request and in return for compensation (official French translation: "divorce par *khol'*" and unofficial English translation: "divorce in exchange for compensation by the wife" [*khol'* may be translated as "compensation"].

first instance. The only country that has fully equalized access to divorce between man and wife is Tunisia, where the law extends the right to *ṭalāq* to the wife.

The situation of the wife is more advantageous in cases where the legislation allows for divorce on grounds of irrevocable breakdown. Some legislators have started authorising a woman who wishes to end her marriage to file a petition for divorce on grounds of *shiqāq* (or: *chiqaq*), or irrevocable breakdown. The court is *obliged* in such cases to grant and issue the divorce "taking into account each spouse's responsibility for the cause of the separation when considering measures it will order the responsible party to take in favour of the other spouse"[25]. In practice, however, whether divorce on grounds of irrevocable breakdown makes dissolution of marriage more easily accessible to women depends to a great – if not decisive – extent on the judge's approach. Some judges consider this form of divorce to be a variant of divorce for fault, in which case the court keeps its discretionary power to evaluate the admissibility of the petition and to set an amount owing as compensation for the damages suffered by the husband. From this perspective, the wife is considered responsible for the break-up of the marriage. According to this interpretation, *shiqāq* comes close to a legal separation with compensation whenever the wife fails to convince the court of the sincerity of her request.

2. The role of judges: between religion and positive law

The other distinctive feature of the recent reforms in the field of Islamic family law mentioned above is the very wide discretionary competence given to judges who deal with conflicts between spouses and with regard to their children: judges have been given increased powers of discretion and oversight over certain controversial institutions such as polygamy and repudiation, as I explain below.

This competence must be understood in its own particular context, namely, that faced by judges in contemporary Islamic societies: on the one hand, a positivist legal model (the Family Code) has been laid down by the legislators and, on the other, they must meet the challenge of thinking in a new way about a law that is of religious inspiration (Islamic law). The task of a judge in these societies is therefore very distinctive, and must be understood from that particular angle. One explanation for the decision taken by national legislators in Islamic countries to entrust the judge with the task of arbitrating, as it were, between the Code and other (*in casu* religious) references is the concern that prevailed at the point when the family law codes were being discussed and ultimately approved: legislators

25 For Morocco, see MFC, Article 97.

were determined to introduce reforms that would have a positive impact on the lives of families, but they also assessed the risks of resistance to excessive reform. From this perspective, both the broad discretionary power of the judge and the insertion into the Code of a provision that enables the judge to prioritize religious norms over codified law whenever deemed necessary, are meant to guarantee a certain degree of continuity.

Seen from a European perspective, judges in Islamic countries who are competent for settling disputes in family affairs enjoy extensive power to apply the rules in those areas. Their intervention may take a variety of forms. Courts have a competence that is mostly judicial in nature, but it may also be administrative (for example, when tasked with presiding at a marriage, the judge performs a role that is purely administrative, and the same is true of the judge-notary) or discretionary; against some judgments there may be no possibility of appeal (for example, authorisations of repudiation or polygamy, or designations of the sum of money to cover the rights of the wife and child that the husband must deposit with the court before the repudiation is registered)[26]. In practice, however, the fact that a judge in any given Islamic country combines multiple functions does not in any way mean that his work is random or arbitrary. The importance of his responsibility resides precisely in his wide-ranging power to decide specific cases in strict compliance with rules that have been laid down in a Code, that is, in a positivist manner, and to dispense justice in a way that, ultimately, draws its inspiration primarily from divine law.

Judges in the vast majority of Islamic countries carry out their function within a social and cultural environment that is permeated by religion. Jurisprudence in Islamic countries in the area of family law must hence be understood against the backdrop of this particular responsibility on the part of the judge, which is very different from the more limited task of a judge in a secular legal context. As a result, the risks of misunderstanding are real. Translated into terms that are more easily understandable to an outsider, one could compare the responsibility of judges in applying the reforms in Islamic family law with the notion of a hierarchy of norms. The judge is bound by the rules of the Code that applies in his country, but the Code leaves room for interpretation and gives him broad discretionary

26 This complexity of functions assigned to both judge-notaries and family judges responsible for marriage, as well as judges responsible for custody, often confuses legal practitioners who are unfamiliar with judicial practices under Islamic family law systems, and raises concern. That is particularly true for decisions made without any possibility for the parties to appeal. This is perceived as a violation of one of the core principles of a fair trial.

powers, precisely with a view to allowing him to align his decision with the requirements of Islamic law. And then there are the situations where the Code is silent or incomplete. Is the judge free to choose the rule to apply in these areas? In such a situation, a judge trained in a secular legal system would probably refer directly to the treaties and conventions on human rights that bind his country in order to find a solution that is in line with the principles of justice, equality and equity. But for a judge in a country where Islamic family law applies, the mandate is different. His decision in such a case is to abide by the requirements of Islam and Islamic law, even if those happen to be in contradiction with the principle of equality of the sexes and discriminate between persons on grounds of their sex, religion or descent. Reconciling the two is not always possible.

All this to say that the guarantees of the exercise of the legal profession, in the sense that jurists understand these in secular legal systems, are to be interpreted differently. One illustration of this difference is the above-mentioned obligation, mentioned in the Family Code or in other legislation, according to which whenever a case cannot be resolved by a strict application of the Code the judge must rule by reference to the Islamic rite, even if the judge therefore has to enforce a rule taken from outside the rite that applies in his country. When it comes to family matters, the effort of jurisprudence (*ijtihād*[27]) means that the judge strives to fulfil and enhance Islamic values, notably justice, equity and amicable social relations. In sum, legislators do not claim that the Family Code they have approved covers the entire civil law of persons; it contains a number of provisions, a few of which are indeed quite detailed, but on many points the legislators left it to the judge to specify the scope with reference to traditional Islamic law.

Let there be no mistake, the legislators in the above-mentioned countries were concerned to reformulate family law on certain points, in view of making it more responsive to the need of families in the context of a contemporary society. *However*, they did not intend thereby to declare Islamic law to be inapplicable. As a general rule, judges base their decisions on the provisions of the Code and on the case law of the country's Supreme Court. But there is nothing to prevent a judge from also justifying his decision either by reference to a general principle of the *sharī'a*, or to a provision accepted by the rite that applies in his country. In so doing, he confirms the current application of a rule by invoking a whole range of precedents accumulated over a longstanding tradition and that enjoy consensus within the rite of his country or indeed in one of the schools of Islamic law. It is

27 *Ijtihād* or jurisprudence in the sense of the *fiqh*, that is to say the creative effort on the part of the Muslim judicial advisors (*jurisconsultes*).

therefore perfectly conceivable that in certain cases, a judge may combine in a single decree or judgment several different available Islamic sources: the *Qur'ān*, *sunna*, the consensus of the *'ulamā'*, the jurisprudence of ancient Islamic courts, and positive law. This has been a constant principle of *fiqh*, which was upheld by the legislators in the domestic legal order of all Islamic countries mentioned.

It is difficult to predict how the case law will further develop in the Islamic countries that have recently introduced reforms: in an ever more lenient, liberal direction or, on the contrary, toward an increasing effort by judges to remain in alignment with traditional interpretations of the *sharī'a*. Both developments are perfectly conceivable and they do not exclude one another. The first hypothesis is more confident in the potential of legislative reforms, from a positivistic standpoint, to ensure over the medium term the most appropriate application possible of the new rules, in a way that is nevertheless respectful of the requirements of Islamic law. Judges who adopt the latter position, by contrast, are keener to limit the application of legislative reforms whenever, in their view, these reforms are not sufficiently respectful of the Islamic conceptions of justice, equality and equity. This limitation is linked to an attitude on the part of the judges that reflects a distrust of the content of reforms that are often inspired by foreign law, not least by human rights, and of the way they are interpreted. There is no quick path to dispelling this distrust. Either way, what will turn the reforms into a success is their capacity, in concrete cases, to ensure that they provide for solutions that are perceived by the majority of those to whom they apply as faithful and sustainable interpretations of Islam, while at the same time adequately addressing their most urgent needs. That is of course more easily said than done.

II. Muslim families in Europe: on the paradoxical role of human rights

Yet what distinguishes the reforms recently introduced into the family law systems of several Islamic countries from what today has become a basic principle of the regulation of family relations in the vast majority of European countries, namely, that family law is strictly secular, is that the former have remained faithful to the religious tradition(s) in which they are rooted[28]. It is this fidelity that explains

28 See among others *Botiveau, B.*, Loi islamique et droit dans les sociétés arabes: mutations des systèmes juridiques du Moyen-Orient, Paris, Karthala, 1993; *Dupret, B. (ed.)*, La Charia aujourd'hui. Usages de la référence au droit islamique, Paris, La Découverte, 2012; *Kurzman, Ch. (ed.)*, Liberal Islam. A Sourcebook, Oxford U.P., 2008; *Nielsen, J. S. and Christoffersen, L. (eds.)*, Shari'a as Discourse, Farnham, Ashgate, 2010.

why, in Europe, many aspects of Islamic family law systems are suspected of being incompatible with the requirements of international human rights treaties. And it is quite foreseeable that in the years to come the normative gap that separates a religiously based, prescriptive grammar of family relations and the setting of a standard grounded in (secular) human rights – in particular the various forms of protection against discrimination they provide in combination with the principle of individual autonomy – will continue to lead to clashes of views, not just among legal scholars but also in the daily search for justice in individual cases[29]. The result is that some Muslim families living in Europe, in particular those who maintain close ties with one or another Islamic country (through citizenship, kinship relations or matrimonial property regimes, to name but a few such ties) will continue to risk being 'caught' in so-called limping situations: their situation is granted recognition in Islamic family law but is rejected under human rights criteria of protection (mainly of women and children), or conversely, perceived to be regular in Europe but prohibited under Islamic law. There are two possible attitudes in the face of this situation. Either one sees these problems of incompatibility as inevitable and impossible to overcome. Or one seeks alternatives that make it possible to resolve these incompatibilities. In the final section I will offer examples of measures that devise more pragmatic veins of thinking that are in line with their religious law but still leave room for individual agency.

Why is it that, in concrete situations involving the family lives of Muslims living in Europe (whether on a permanent basis or for a shorter period of time), recourse to human rights in a not insignificant number of cases fails to offer appropriate protection to the parties directly involved? In order to examine this question, I refer, albeit very succinctly, to some recent findings from a collective research project already mentioned above, namely a comparative analysis of the concrete application (or refusal to do so) in several European countries of the provisions of the Moroccan Family Code as reformed in 2004 (hereafter MFC) and that apply more particularly to the situation of Moroccan nationals residing abroad (hereafter MNAs)[30].

---

29 Cf. Supra note 2.

30 By voting for Law no. 70.03 in 2004, the Moroccan Chamber of Representatives and the Chamber of Councillors adopted a new Family Code: Dahir no. 1.04.22 of 12 hija 1424 (3 February 2004) promulgating Law no. 70.03 enacting the Family Code, Bulletin officiel no. 5358 of 6 October 2005, 667 ff. The MFC was the subject of much commentary at the time, which helped familiarise people, especially abroad, with this new legislative instrument and especially the many changes it brought to the regulation of family relationships in Moroccan domestic law. Some have considered that the

The research project consists of four components. The *first* involves a detailed analysis of the case law available since 2004 for the European countries with the largest population of Moroccan residents: France, the Netherlands, Spain, Italy and Belgium. The aim is to provide a clearer sense of the problems raised by the application of the MFC since 2004 and especially of the legal problems affecting the family lives of MNAs. The study devotes special attention to the way the provisions of the MFC relating to marriage, divorce and filiation are in fact applied – or rejected by the competent judicial or administrative authorities. In the event that they are rejected, the analysis focuses on the reasons adduced for the rejection[31]. The *second* component offers a detailed analysis of the Moroccan court decisions concerning MNAs since 2005[32]. The *third* component of the research consists of the findings of a year-long field observation at three Moroccan consulates located in medium-sized cities in three different countries in the centre of Europe (Rotterdam, Lille and Antwerp). The observation focused on the regularisation

Moroccan legislators had revolutionized family law, while others described the exercise as minimalist. See among others: *Young, A. E.*, "Irreconcilable differences?: Shari'ah; human rights and family code reform in contemporary Morocco", in: Clarke, K. M. and Goodale, M. (eds.), Mirrors of Justice: Land and Power in the Post-Cold War Era, Cambridge U.P., 2010, 191–207; *Luengos, J.G.*, "La reforma de la Mudawana en Marruecos: debate e implicaciones en torno a la identidad Marroqui", in: de Cueto, C. and Sid Ahmed, A. (eds.), Droits humains et diversité ethnoculturelle dans l'espace méditerranéen: réalités et perspectives, Paris, Publisud, 2007, 47–56; *Pruzan-Joergensen, J.*, Liberalization and Autocracy in Morocco: the puzzle of the Moudawana reform, Saarbrücken, LAP Lambert Academic Publishing, 2012; *Talhaoui, F.*, "La nouvelle loi marocaine sur la famille: des chaînes à plus d'égalité entre hommes et femmes dans le ménage?", in: Khader, B. et al. (eds.), Penser l'immigration et l'intégration autrement, Brussels, Bruylant, 2006, 337–347; *Foblets, M.-C. and Carlier, J.-Y.*, Le Code marocain de la famille: incidences au regard du droit international privé en Europe, Brussels, Bruylant, 2005; *Buskens, L.*, "Le droit de la famille au Maroc", in: Bernard-Maugiron, N. and Dupret, B. (eds.), Ordre public et droit musulman de la famille en Europe et en Afrique du Nord, Brussels, Bruylant, 2012, 97–126; *Loukili, M.*, "L'ordre public en droit international privé marocain de la famille", in: ibid., 127–160.

31 The analysis has been entrusted to national experts in the area: for France, the work is being carried out by Professors Françoise Monéger and Hugues Fulchiron, for the Netherlands by Dr Leila Jordens-Cotran, for Belgium by Dr Jinske Verhellen and Ms Hélène Englert, for Italy by Professor Roberta Aluffi, and for Spain by Professor Anna Quiñones.

32 Professor Mohamed Loukili (Rabat-Agdal) of the Faculty of Law of the Mohammed V University in Rabat (Agdal), examined more than 100 unpublished court decisions. He also took it upon himself to inventory the case law published since 2005.

practices for marriage certificates and registrations of marriages entered into by MNA[33]. A particularly important component of the research project is the *fourth* aspect, which has to do with the daily experience of judges in *Morocco* of applying the Code to situations involving MNAs and with the way in which those judges seek solutions to the specific cases[34]. The four components of the research are complementary.

Taking its starting point from legal practice, the project identifies three types of problems regularly encountered by MNAs relating to marriage and its effects, divorce, and descent, each of which in its own way shows that the protection to be expected from a recourse to human rights should not be overestimated. In some cases, on the contrary, it may turn out to be all but beneficial for (one or more) of the parties involved. First, in some cases human rights raise false hopes. Second, human rights are at times applied in an abstract way that does not sufficiently take into account the concrete circumstances of a case. Third, it sometimes happens that recourse to human rights ends up denying recognition under state law to a situation, leaving the persons involved without formal legal protection. I will give examples for each of the three scenarios. All examples are taken from the research project.

First, in some cases human rights raise false hopes. As stated above, the study has examined the role of consular officials in applying the MFC to families of MNAs. Little is known about the types of services which Moroccan consular officials in Europe provide in their daily practice. It appears that the consular

33 The field study was carried out by Dr Aboulkasem Ziani, who now teaches sociology at the University of Marrakech, and was made possible by the kind cooperation of the consular officials in the aforementioned cities.

34 Professor Mohamed Loukili and Dr Ziani took responsibility for these interviews. They interviewed 20 judges. A detailed questionnaire was drawn up focusing on the thorny questions that emerged from the case law. The aim was to shed light on the concrete application of the Code by the Moroccan judges who have been asked to rule on family disputes among MNAs. The judges interviewed have been very open to the initiative and willing to share their experiences. Their testimonies will hopefully contribute to greater awareness on the part of legal practitioners in Europe – judges, administrative officials, lawyers, etc. – of the difficulties faced by the judicial and administrative authorities in Morocco when called upon to apply the MFC and in particular the provisions that entered into force in 2004 and that concern MNAs. For a sound understanding of the family law situation of MNAs, both from the perspective of their situation in Europe and under Moroccan law, the position taken by Moroccan judges responsible on a day-to-day basis for interpreting the Code is very relevant, and is a voice rarely heard and nowhere published.

officials accompany MNAs in various ways. Every morning dozens of MNAs, if not hundreds, appear at the consulates in many European cities in order to seek regularisation of their marriage documents, to register children born in the country of their residence (in Europe) or to gain recognition for civil marriages contracted before the authorities of the country of habitual residence. In some cases they simply wish to obtain information about their legal situation under Moroccan law and about the conflict of law rules that apply to them (the application of Moroccan law or of the country of habitual residence, the competent courts, etc.). The consulates thus offer multiple types of services to MNAs, even if not all of them in the end will effectively make use of the information.

With regard to human rights and their role in this particular setting, a striking observation is the disillusionment experienced by several MNAs interviewed: they had hoped for a quasi-automatic recognition by the Moroccan authorities of their family situation in Europe (*in casu* in France, Belgium or the Netherlands). That is especially true for the registration of civil marriages contracted before the authorities of the country of habitual residence, and for the way the consular officials handle the recognition of the validity of such marriages if the marriage was not celebrated in the presence of two Muslim witnesses, as required by the MFC. The same is true for civilly married couples wishing to register their children born after the civil marriage but before its registration under Moroccan law; in such cases, the consulates claim not to be competent and advise the parties to seek regularisation of their family situation from the judicial authorities in Morocco. This procedure appears to be in accordance with what the MFC requires, but it is a source of disenchantment on part of the spouses concerned. These couples had placed false hope in the exportability of the principle of non-discrimination against children born before the marriage (that is, one that is granted recognition under Moroccan law) of their parents.

Another illustration of such 'false hope' is the application of Article 49 of the 2004 Code. This provision allows spouses to indicate in their marriage contract how they wish to divide up any property acquired during the marriage. There is to date little information about the concrete application of this provision, except that it is known to remain largely underutilised. The analysis conducted in the course of the project shows, however, that the specific situation of MNA couples is at times so complex from a legal point of view that it is difficult – even for professionals – to know what exactly would constitute 'good' advice to give to couples who marry either in Europe or in Morocco, and how they can avail themselves, concretely, of the possibility now offered under Moroccan law to insert into their contract clauses that take account of their personal situation. In practice, therefore, this possibility is rarely used. And it is probably false hope to expect that Article 49 would meet with greater success as long as the necessary expertise is not there and hence MNA spouses do not have access to (affordable) professional advice on how to benefit from this new provision in the Code. Yet interviews with spouses show another reason for the lack of interest in Article 49: a commonly shared perception among MNAs that it is just 'not done' to negotiate one's marriage. In that case, it's not the law that creates false hope, but it is the mentalities that are not prepared to further explore the new possibilities offered by the Moroccan legislators to spouses to organise some of the property aspects of their marriage on a more egalitarian basis and one that is suited to their individual situation.

Second, the way human rights are applied in a concrete situation risks coming across as abstract to the parties involved if, in their case and from their own point of view, little or no attention is given to the full context of the situation. Two frequent forms of marriage dissolution in contemporary Morocco are divorce by mutual consent (Article 114 MFC) and divorce by *khul'* (Article 115 ff. MFC). The introduction of divorce by mutual consent (Article 114) was received in 2004 as a considerable step forward, since it allows spouses to agree to terminate their conjugal union without conditions. In Europe, however, the courts still frequently confuse *khul'* divorce and divorce by mutual consent, a confusion that results from the formulation of Article 115 of the Code, which provides that "The spouses may agree on divorce in exchange for compensation [*khul'*] according to the provisions of Article 114 above". Our findings show that a significant consequence of this confusion is that it is not unusual for European courts to treat divorce by mutual consent as equivalent to *khul'* divorce and therefore to refuse to recognise its effects, on the grounds that respect for the principle of equality between the sexes is not guaranteed.

But the other way around is also true, if one looks at how the provision of Article 128 on the enforcement of decrees of divorce issued by European judges is applied by judges in Morocco. This provision was considered innovative when adopted in 2004. In accordance with Article 128 of the Code, "Decisions rendered by foreign courts concerning repudiation, divorce, divorce in exchange for compensation or annulment shall be admissible when they are issued by a court with jurisdiction over the matter and are based on grounds for terminating the marriage relationship that do not contradict those contained in this Code". In other words, it suffices for the Moroccan court to find a parallel between the ground for the dissolution of the marriage decreed abroad and a ground recognised in Moroccan law to admit this dissolution under Moroccan law. Little was known hitherto about the way in which Moroccan judges in practice go about finding such a parallel: do any forms of divorce recognised in European family codes pose particular difficulty? A question of particular interest for legal practice is whether irretrievable breakdown of the marriage, which is an increasingly frequent ground invoked for divorce in Europe today, constitutes a reason that Moroccan courts consider compatible with domestic Moroccan law. The answers to this question given by the Moroccan judges interviewed range widely, and it is not clear to what extent judges also take account, in more detail, of the full context of the case.

Third, at times the recourse to human rights produces the opposite effect to that of offering protection, namely in cases where it leads to the denial as a matter of principle of any recognition under state law of a personal situation, regardless of any factual argument parties may advance in support of their case. 'Unilateral repudiation' by the husband can serve here as the textbook example. Probably the most contested form (in Europe) of dissolution of marriage that is provided for in the MFC is to be found in Article 78 MFC, which states that divorce "under judicial supervision" is intended for "the dissolution of the bonds of matrimony exercised by the husband and wife, each according to his or her respective condition, under judicial supervision and according to the provisions of this Code". In the French translation of the Code, the term for 'repudiation' (*ṭalāq*) was replaced throughout by the term 'divorce', thereby creating difficulties in understanding on the part of European courts and administrations dealing with requests for recognition of divorces decreed in Morocco on the basis of Article 78. These difficulties are to some extent fed by the new role granted to the Moroccan judge upon dissolution of a marriage under Article 78: the role of Moroccan judges here seems quite limited, since the Code does not provide either for opposing the dissolution of the marriage or for verifying the motives for the dissolution, nor does it involve enquiring as to the wishes of the wife. In any event, in Europe divorces granted in application of Article 78 MFC are generally speaking perceived as being contrary to the principles of non-discrimination and the requirements of a fair trial, and hence there is not much consideration of particularities such as the post facto acquiescence by the ('repudiated') wife, or the fact that the dissolution dates back many years and that the parties have since reorganised their lives and neither seriously considers that the marriage is still binding on them. A rejection in principle of dissolutions that were pronounced on the basis of Article 78 gives rise to limping situations, in which the spouses are considered to have divorced properly under Moroccan law, whereas they are still considered bound by their marriage in the country that refuses to grant the divorce effect in law. In a sense, the spouses are hostages to a principled application of human rights criteria to their individual situation.

III. The 'broken promises' of human rights: what would be a realistic way ahead?

The findings of the research project have yielded concrete illustrations, but clearly, the case of MNAs does not stand on its own. The past 30 or so years have seen an increasing number of Muslim families affected by the internationalisation of their life: whether this involve family situations created in an Islamic country but lived out abroad and therefore falling under the jurisdiction of a foreign state, or situations that arise outside of an Islamic country, for example in Europe, involving Muslims who wish to have the effects of their family situation recognised under Islamic law.

Showing openness – in principle – to the new reality experienced these days by thousands of MNAs around the world, and in particular in Europe, Morocco adopted in 2004 the internationalist ideal held by many practitioners of family law today, who argue for greater acceptance of the reality of cross-border family life. By recognising, in particular, the possibility for MNAs to contract marriage according to the administrative procedures of the country of residence (Art. 14), and by allowing for the recognition – albeit subject to certain conditions are met – of judicial decrees of divorce handed down abroad that terminate a marriage involving MNAs (Art. 128), the Moroccan legislators have shown their trust in the administrative and judicial authorities of other countries, agreeing to recognise certain effects of their decisions within the Moroccan domestic legal order.

Legal practice indicates, however, that this internationalist position taken in the MFC is not reflected in legal practice, even after over ten years of application of the new MFC.

Yet the internationalist option cannot be unilateral. Greater openness to the reality of cross-border family life, in particular when including Muslim families, would demand that judicial and administrative authorities in Europe, too, be adequately prepared when called upon to interpret court decisions and/or administrative documents delivered by the competent bodies in Islamic countries. No doubt this is a very demanding mandate. On the one hand, under private international law, judicial and administrative authorities are required, when applying foreign law, to apply it "in accordance with the interpretation given to it in the foreign country". This makes the task of correctly apprehending and then applying foreign law extremely difficult: how is one to know precisely what this interpretation may be? On the other hand, given that Islamic family law, not to mention the case law in family matters, is generally very poorly understood outside Islam, some misunderstandings continue to exist. As a result, recourse to the public policy exception is frequent, if not the rule. Finally, there is the question of the treatment of family law institutions that are unknown in European family law, such as the *ṣadāq* (a form of dower), and in some cases the resulting maintenance payable during the period of continence (*'idda*), the consolation gift (*mut'a*) or the right of the woman to remain in the conjugal home during the period of continence, to give but a few examples. But the problem goes both ways: in general, it can be said that the case law relating to the family lives of Muslims living in Europe is inadequately known both within the countries of origin and in Europe. As a result, misunderstandings endure on both sides, leading to erroneous interpretations of each other's family law systems.

These various factors, arising from unfamiliarity with each other's family law, in turn serve to maintain a gap between the different legal systems – family law in Europe, on the one hand, and Islamic family law systems, on the other. Moreover, the role of human rights in this area is, paradoxically, that under certain circumstances they provide ammunition to further deepen this gap, in some cases leaving families without appropriate legal protection. To put it bluntly, it happens all too frequently that recourse to human rights standards of protection can leave the Muslim families concerned in a situation that does not, in legal terms, enjoy the same recognition in the various countries with which they retain very close ties.

Realistically speaking, what could help remedy the situation? I will advance two very practical ways that could help turn the role of human rights standards of protection into a more sustainable, constructive one as regards seeking appropriate forms of (legal) protection for Muslim families in Europe. One could imagine other ways, depending on what is feasible in a particular context.

First, greater familiarity with the principles of Islamic family law would enable European practitioners – be they judges, lawyers or civil servants responsible for civil matters – to take it more adequately into consideration when necessary. So far, recourse to the public policy exception is frequent if not the rule. Increasing familiarity requires, of course, that the necessary steps be taken: one such step could be to give greater visibility, in both Europe and Islamic countries, to case law in family matters involving Muslims, including as regards the way court decisions and administrative documents delivered in Europe are received in Islamic countries. Properly documented knowledge of Islamic family law requires (1) that case law be made accessible, in translation and (2) if possible, that a thorough and reliable analysis thereof made be available for the purposes of legal practice.

Second, greater attention could be paid to prevention. One could help anticipate the multiplication of limping situations, for example by informing the parties involved (often spouses or partners) in advance that the family relationship they envisage entering into in Europe will necessarily meet with a refusal of recognition in an Islamic country. Conversely, the courts in Europe could refer in their judgments on the dissolution of marriage to grounds that would help facilitate the recognition of the decision in Islamic law, without necessarily being incompatible with the laws that a European judge is required to enforce.

Ultimately, the goal should be to contribute to ensuring greater international harmony, over the medium term, in family situations involving Muslims in Europe.

Conclusion

The encounter between cultures and human societies is a feature of every age. In the light of that reality, the questions raised here, namely that human rights do not always offer an adequate solution, are relatively new. Underlying this issue are two very recent developments: on the one hand, the rapid and surprisingly far-reaching development of international human rights instruments and in particular the rapid rise of the principle of non-discrimination, and on the other hand the growing number of Muslim families living in Europe but who often maintain very close ties with a country where family law is largely of Islamic inspiration. There is therefore no simple solution to the problems that can arise.

There are, however, several ways to try to address so-called limping situations. To date, the most effective of these is offered by the bilateral and multinational treaties in the field of private international law that contain agreements between states that aim to ensure international harmony in family life, notably by regulating mutual recognition of the situations arising in one or other signatory country. The objective of such treaties is to establish a climate of confidence between the jurisdictions of different countries, which should in turn ensure that family situations that are recognised in one country will also be recognised in the other. The difficulty in the particular case of the treaties that currently exist between Islamic and European countries is that there is not yet sufficient confidence and, for this reason, the recourse to the public policy exception remains frequent in practice. A court or an administrative authority with competence to address a specific case will often invoke the treaty not with a view to recognizing a situation created abroad, but to invoke the public policy exception provided for in that treaty. This almost automatic recourse to the exception clause has in fact given rise to quite a remarkable initiative taken a few years ago by The Hague Conference, known as the Malta Process. To make it possible to create a climate or confidence among countries to the north and the south of the Mediterranean, the process involves bringing together judges of the different countries in order to exchange views and reach understanding on certain questions. Little by little, then, we see initiatives launched even if it's clear that the matter will not be solved overnight.

It is important to emphasise, lest there be misunderstanding, the fact that there is a hiatus as regards (legal) solutions for certain family situations does not mean that human rights lose any of their importance, especially when it comes to discouraging certain practices such as conjugal unions involving minors, marriages of convenience contracted with the sole aim of benefiting from the right to family reunification, fraudulent use of the competencies of judicial authorities, to name but a few types of cases that we see in daily practice. Human rights thus certainly remain a valuable instrument of protection, especially for particularly vulnerable persons and against potential abuses and exploitation.

One aspect that I have deliberately left aside here is the question whether, in the years to come, domestic law in European countries will have to become more flexible and recognise that couples who adhere to the Islamic religion but have no connecting factor with an Islamic country may also be permitted to arrange their family lives in accordance with Islam and to have their situation recognized in domestic law. The debate is not a new one, but each time it is launched, it meets with vehement reactions. Ultimately, it calls into question the secular nature of family law in Europe as well as the monopoly of the state over certain essential aspects of family law such as the regulation of marriage and other partnerships recognised in civil law and the authorised modes of their dissolution. Suffice it to refer briefly here to the lively discussions raised by the question of religious arbitration[35] in family matters, or along the same lines, the question of recognition of religious marriages[36]. Policies differ from one European country to the other, with some showing greater openness than others. But this question would necessarily require a very different type of analysis from the one I have provided here.

The question of accommodating cultural religious and diversity in the internal family law of European countries is a much broader question. Yet it is a question that will inevitably continue to grow in the years to come and come what may, we will have to be bold enough to address it if we wish family law to remain in tune

---

35 See, for example: *Korteweg, A. C. and Sleby, J. A. (eds.)*, Debating Sharia. Islam, Gender Politics, and Family Law Arbitration, University of Toronto Press, 2012.

36 See, for example: *Moors, A.*, "Unregistered Islamic Marriages: Anxieties About Sexuality and Islam in the Netherlands", in: Berger, M. S. (ed.), Applying Sharia in the West. Facts, Fears and the Future of Islamic Rules on Family Relations in the West, Leiden, Leiden University Press, 2013, 141–164.

with the social, cultural and demographic realities of a European society that is changing at an astonishing pace.

Bibliography

Botiveau, B., Loi islamique et droit dans les sociétés arabes : mutations des systèmes juridiques du Moyen-Orient. Paris, Karthala, 1993.

Büchler, A., Islamic Law in Europe? Legal Pluralism and its Limits in European Family Laws. Farnham, Ashgate, 2011.

Buskens, L., "Le droit de la famille au Maroc", in: Bernard-Maugiron, N. and Dupret, B. (eds.). Ordre public et droit musulman de la famille en Europe et en Afrique du Nord. Brussels, Bruylant, 2012, 97–126.

Dupret, B. (ed.), La Charia aujourd'hui. Usages de la référence au droit islamique. Paris, La Découverte, 2012.

Esteban de la Rosa, G., "Cultural Diversity, European Public Policy Exception and Family Law of Muslim Countries", in: Beijing Law Review, 2015, 6, 147–158.

Foblets, M-C. and Carlier, J.-Y., Le Code marocain de la famille: incidences au regard du droit international privé en Europe. Brussels, Bruylant, 2005.

Jordens-Cotran, L., "Muslims in the Dutch legal order: subjects to local civil laws and to Muslim family law", in: Haas, S. (ed.), Family, Law and Religion: Debates in the Muslim world and Europe and their implications for co-operation and dialogue, Vienna, ÖOG, Austrian Development Co-operation, 2009, 55–84.

Korteweg, A. C. and Sleby, J. A. (eds.), Debating Sharia. Islam, Gender Politics, and Family Law Arbitration. University of Toronto Press, 2012.

Kurzman, C. (ed.), Liberal Islam. A Sourcebook. Oxford U.P., 2008.

Loukili, M., "L'ordre public en droit international privé marocain de la famille", in: Bernard-Maugiron, N. and Dupret, B. (eds.). Ordre public et droit musulman de la famille en Europe et en Afrique du Nord. Brussels, Bruylant, 2012, 127–160.

Luengos, J.G., "La reforma de la Mudawana en Marruecos: debate e implicaciones en torno a la identidad Marroqui", in: de Cueto, C. and Sid Ahmed, A. (eds.), Droits humains et diversité ethnoculturelle dans l'espace méditerranéen: réalités et perspectives, Paris, Publisud, 2007, 47–56.

Moors, A., "Unregistered Islamic Marriages: Anxieties About Sexuality and Islam in the Netherlands", in: Berger, M. S. (ed.), Applying Sharia in the West. Facts, Fears and the Future of Islamic Rules on Family Relations in the West, Leiden, Leiden University Press, 2013, 141–164.

Moroccan Family Code (Mudawana) 2004. French unofficial translation: http://adala.justice.gov.ma/production/legislation/fr/civil/Code%20de%20la%20

famille%20Maroc%20Texte.htm. English unofficial translation (2005): http://www.hrea.org/programs/gender-equality-and-womens-empowerment/moudawana/ (as consulted online on 29 July 2016).

Nielsen, J. S. and Christoffersen, L. (eds.), Shari'a as Discourse, Farnham, Ashgate, 2010.

Otto, J. M. (ed.), Sharia Incorporated. A Comparative Review of the Legal Systems of Twelve Muslims Countries in Past and Present, Leiden University Press, 2010.

Pruzan-Joergensen, J., Liberalization and Autocracy in Morocco: the puzzle of the Moudawana reform, Saarbrücken, LAP Lambert Academic Publishing, 2012.

Rapport annuel sur l'application du Code de la famille [Annual Report on the Implementation of the Family Code], Casablanca: La Ligue démocratique pour les droits des femmes, Centre d'information et d'observation des femmes marocaines, 2005.

Talhaoui, F., "La nouvelle loi marocaine sur la famille: des chaînes à plus d'égalité entre hommes et femmes dans le ménage?", in: Khader, B. et al. (eds.), Penser l'immigration et l'intégration autrement, Brussels, Bruylant, 2006, 337–347.

Welchmann, L., "Bahrain, Qatar, UAE: First Time Family Codifications in Three Gulf States", in: Atkin, B. (ed.), International Survey of Family Law (2010 Edition). Bristol, Jordan Publishing, 163–178.

Welchmann, L., Women and Muslim Family Laws in Arab States. A Comparative Overview of Textual Development and Advocacy, Amsterdam University Press, 2007.

Yassari, N. (ed.), Changing God's Law: The Dynamics of Middle Eastern Family Law (Family Law in Context). Abingdon, Routledge, 2016.

Young, A. E., "Irreconcilable differences? Shari'ah; human rights and family code reform in contemporary Morocco", in: Clarke, K. M. and Goodale, M. (eds.), Mirrors of Justice: Land and Power in the Post-Cold War Era, Cambridge U.P., 2010, 191–207.

Autoren des Bandes

Ebert, Hans-Georg, Prof. Dr.
Universitätsprofessor, Orientalisches Institut der Universität Leipzig
hgebert@uni-leipzig.de

Foblets, Marie-Claire, Prof. Dr.
Director Department Law & Anthropology, Managing Director
Max Planck Institute for Social Anthropology, Halle (Saale)
foblets@eth.mpg.de

Hanstein, Thoralf, Dr.
Orientabteilung der Staatsbibliothek zu Berlin,
Fachgebiet Arabistik, Islamwissenschaft, Indonesistik, Berlin
Thoralf.Hanstein@sbb.spk-berlin.de

Langenfeld, Christine, Prof. Dr.
Universitätsprofessorin, Lehrstuhl für Öffentliches Recht,
Georg-August-Universität, Göttingen
clangenfeld@jura.uni-goettingen.de

Rieck, Jürgen, Rechtsanwalt
Rechtsanwaltskanzlei Jürgen Rieck, München
ra@juergen-rieck.de

Rohe, Mathias, Prof. Dr., Richter am OLG a.D.
Universitätsprofessor, Direktor des EZIRE,
Rechts- und Wirtschaftswissenschaftliche Fakultät
Friedrich-Alexander-Universität Erlangen-Nürnberg
mathias.rohe@fau.de

Schneider, Irene, Prof. Dr.
Universitätsprofessorin, Seminar für Arabistik/Islamwissenschaft der
Georg-August-Universität, Göttingen
ischnei@uni-goettingen.de

Wapler, Friederike, PD Dr.
Wiss. Mitarbeiterin
Professur Rechts- und Sozialphilosophie, Juristische Fakultät
Georg-August-Universität, Göttingen
wapler@gmx.de

LEIPZIGER BEITRÄGE ZUR ORIENTFORSCHUNG

Herausgegeben von Hans-Georg Ebert
Begründet von Günter Barthel

Die Reihe *Leipziger Beiträge zur Orientforschung* widmet sich Themen und Problemfeldern der islamischen Welt in Vergangenheit und Gegenwart. Dabei werden unterschiedliche Disziplinen, Regionen und Methoden erfasst. Das Spektrum reicht von rechtlichen, historischen, religiösen, kulturellen, sprachlichen, politischen und sozial-ökonomischen Fragestellungen bis hin zu vergleichenden "area studies". Innerhalb der Reihe erscheinen die in Zusammenarbeit mit der "Gesellschaft für Arabisches und Islamisches Recht e.V." herausgegebenen Tagungsbände. Die einzelnen Veröffentlichungen sollen das interkulturelle Verständnis fördern, neue Forschungsansätze aufzeigen und Ergebnisse wissenschaftlicher Untersuchungen präsentieren.

Band 1 Lutz Knörnschild: Zur Geschichte der Nilwassernutzung in der ägyptischen Landwirtschaft von den Anfängen bis zur Gegenwart. 1993.

Band 2 Henner Fürtig / Rolf Müller-Syring (Hrsg.): Ursachen gewaltförmiger Konflikte in der Golfregion. Internationale und zwischenstaatliche Faktoren. 1993.

Band 3 Ingelore Goldmann (Hrsg.): Beiträge zur Fachdidaktik Arabisch. Didaktische und methodische Probleme des modernen Arabischunterrrichts. 1993.

Band 4 Roland Kühnel: Die sprachliche Situation an Hochschulen des Maghreb und die offizielle Sprachpolitik – Eine soziolinguistische Untersuchung. 1995.

Band 5 Henk Knaupe / Ulrich G. Wurzel: Aufbruch in der Wüste. Die Neuen Städte in Ägypten. 1995.

Band 6 Wolfgang Reuschel: Aspekt und Tempus in der Sprache des Korans. 1996.

Band 7 Hans-Georg Ebert: Das Personalstatut arabischer Länder. Problemfelder, Methoden, Perspektiven. Ein Beitrag zum Diskurs über Theorie und Praxis des Islamischen Rechts. 1996.

Band 8 Uwe Pfullmann: Politische Strategien Ibn Sa^{c}ūds beim Aufbau des dritten saudischen Staates. Eine historische Studie unter besonderer Berücksichtigung deutschen Archivmaterials. 1996.

Band 9 Hans-Georg Ebert (Hrsg.): Beiträge zum Islamischen Recht. 2000.

Band 10 Anja Wünsch: Innenansichten ökonomischer Restrukturierung. Wirkungen und Wirksamkeit der Strukturanpassung in Jordanien, 1989-1999. 2001.

Band 11 Thoralf Hanstein: Islamisches Recht und Nationales Recht. Teil 1 und 2. Eine Untersuchung zum Einfluß des Islamischen Rechts auf die Entwicklung des modernen Familienrechts am Beispiel Indonesiens. 2002.

Band 12 Hans-Georg Ebert / Thoralf Hanstein (Hrsg.): Beiträge zum Islamischen Recht II. 2003.

Band 13 Hans-Georg Ebert / Thoralf Hanstein (Hrsg.): Beiträge zum Islamischen Recht III. 2003.

Band 14 Hans-Georg Ebert: Das Erbrecht arabischer Länder. 2004.

Band 15 Silvia Tellenbach / Thoralf Hanstein (Hrsg.): Beiträge zum Islamischen Recht IV. 2004.

Band 16 Almut Hinz: Die Sanktionen gegen Libyen. Sanktionen im modernen Völkerrecht und in der Staatenpraxis sowie ihre Anwendung am Beispiel Libyen. 2005.

Band 17 Hüseyin Demir: Die osmanischen Medresen. Das Bildungswesen und seine historischen Wurzeln im Osmanischen Reich von 1331–1600. 2005.

Band 18 Sebastian Maisel: Das Gewohnheitsrecht der Beduinen. Der Stellenwert von Urf in den Rechtsvorstellungen tribaler Gruppen im Norden der Arabischen Halbinsel. 2006.

Band 19 Irene Schneider / Thoralf Hanstein (Hrsg.): Beiträge zum Islamischen Recht V. 2006.

Band 20 Anja Wehler-Schöck: Ehrenmorde in Jordanien. Ursachen und mögliche Gegenstrategien. 2007.

Band 21 Hans-Georg Ebert / Thoralf Hanstein (Hrsg.): Beiträge zum Islamischen Recht VI.

Band 22 Naseef Naeem: Die neue bundesstaatliche Ordnung des Irak. Eine rechtsvergleichende Untersuchung. 2008.

Band 23 Hans-Georg Ebert: Die Qadrî-Pâshâ-Kodifikation. Islamisches Personalstatut der hanafitischen Rechtsschule. 2010.

Band 24 Hans-Georg Ebert/Assem Hefny: *Der Islam und die Grundlagen der Herrschaft*. Übersetzung und Kommentar des Werkes von Alî Abd ar-Râziq. 2010.

Band 25 Nedim Zahirović: Murteza Pascha von Ofen zwischen Panegyrik und Historie. Eine literarisch-historische Analyse eines osmanischen Wesirspiegels von Nergisi (El-vasfü l-kāmil fī-ahvāli l-vezīri l-ʿādil). 2010.

Band 26 Hatem Elliesie (Hrsg./ed.): Beiträge zum Islamischen Recht VII. Islam und Menschenrechte / Islam and Human Rights / الإسلام وحقوق الإنسان. 2010.

Band 27 Ibrahim Salama: Muslimische Gemeinschaften in Deutschland. Recht und Rechtswissenschaft im Integrationsprozess. 2010.

Band 28 Sabaheta Gačanin: The Persian Divan by Ahmad Khatem Aqovalizade. 2011.

Band 29 Martin Heckel (Hrsg.): Rechtstransfer. Beiträge zum islamischen Recht VIII. 2011.

Band 30 Hans-Georg Ebert/Thoralf Hanstein (Hrsg.): Heinrich Leberecht Fleischer – Leben und Wirkung. Ein Leipziger Orientalist des 19. Jahrhunderts mit internationaler Ausstrahlung. 2013.

Band 31 Hans-Georg Ebert/Assem Hefny: Islamisches Zivilrecht der hanafitischen Lehre. Die zivilrechtliche Kodifikation des Qadrî Pâshâ. 2013.

Band 32 Bruno Menhofer/Dirk Otto (Hrsg.): Recht nach dem Arabischen Frühling. Beiträge zum islamischen Recht IX. 2014.

Band 33 Hans-Georg Ebert (Hrsg.): Beiträge zum Islamischen Recht X. Zu Ehren von Hilmar Krüger. 2015.

Band 34 Irene Schneider/Thoralf Hanstein (Hrsg.): Beiträge zum Islamischen Recht XI. 2016.

www.peterlang.com

www.ingramcontent.com/pod-product-compliance
Ingram Content Group UK Ltd.
Pitfield, Milton Keynes, MK11 3LW, UK
UKHW022059051026
15623UKWH00003B/575